C.H.BECK WISSEN

Was können wir historisch gesichert über Jesus wissen? Diese Frage treibt die historisch-kritische Jesusforschung seit ihren Anfängen um. Das Buch zeigt einleitend, wie diese Frage im Zeitalter der Aufklärung aufkam und welche Antworten darauf seit dem ausgehenden 18. Jahrhundert gefunden wurden. Daran anschließend schildert Jens Schröter Weg und Wirken des galiläischen Juden Jesus von Nazareth auf dem heutigen historischen und archäologischen Forschungsstand. Er beschreibt die zentralen Aspekte des Auftretens Jesu in ihren politischen, sozialen und religiösen Kontexten und geht den Ursachen und Umständen nach, die zu seiner Hinrichtung in Jerusalem geführt haben. Abschließend geht es um die Frage, wie aus dem Wirken Jesu das Christentum als eine neue Religionsgemeinschaft hervorging.

Jens Schröter ist Professor für Neues Testament und antike christliche Apokryphen an der Humboldt-Universität zu Berlin. Er hat u. a. in Oslo, Rom und Jerusalem gelehrt und ist Mitherausgeber international einschlägiger Buchreihen und Zeitschriften. Bei C.H.Beck erschienen von ihm «Die Entstehung der Bibel» (mit Konrad Schmid, 3. Auflage 2020) sowie «Die apokryphen Evangelien» (2020).

Jens Schröter

JESUS

Leben und Wirkung

C.H.Beck

Mit 6 Abbildungen und 4 Karten

Originalausgabe

www.chbeck.de
Satz: C.H.Beck.Media.Solutions, Nördlingen
Druck und Bindung: Druckerei C.H.Beck, Nördlingen
Reihengestaltung Umschlag: Uwe Göbel (Original 1995, mit Logo),
Marion Blomeyer (Überarbeitung 2018)
Umschlagabbildung: Rembrandt van Rijn,
«Ein Christus nach dem Leben», um 1648, Gemäldegalerie Berlin,
© bpk/Gemäldegalerie, SMB/Christoph Schmidt
Printed in Germany
ISBN 978 3 406 75601 6

myclimate

klimaneutral produziert
www.chbeck.de/nachhaltig

Inhalt

Einleitung **7**

1. Auf der Suche nach dem historischen Jesus **10**

2. Biblische und außerbiblische Quellen **14**

Christliche Quellen 14
Die Paulusbriefe 14
Die synoptischen Evangelien 15
Das Johannesevangelium 20
Außerkanonische Quellen 21
Jüdische Quellen: Flavius Josephus 24
Griechisch-römische Texte 27
Indirekte Zeugnisse 30

3. Der geschichtliche Kontext **34**

Das Judentum zur Zeit Jesu 34
Jüdische Schriften und die Jesusüberlieferung 34
Jüdische Gruppierungen 39
Galiläa, eine jüdisch geprägte Region 43
Herrschaftsverhältnisse 44
Orte 48
Wirtschaft und Gesellschaft 50

4. Grundzüge des Wirkens Jesu **55**

Jesus und Johannes der Täufer 55
Die Aufrichtung der Gottesherrschaft 60
Königsherrschaft Gottes 61
Die Gegenwart als Zeit des Heils 65
Vollendung in der Zukunft 67
Die Gleichnisse 71

Machtvolles Wirken in der Autorität Gottes 74
Krankenheilungen 74
Exorzismen und weitere Machttaten 78
Jesu Auslegung der Tora 80
Reinheitsgebote 80
Das Sabbatgebot 82
Die Antithesen der Bergpredigt 83

5. Die Erneuerung Israels **85**
Der Zwölferkreis, Nachfolger und Gegner 85
Das Ethos der Nachfolgegemeinschaft Jesu 86
Das Ethos der Gottesherrschaft 90
Radikale Alternative: Akzeptanz oder Ablehnung 92
Das Selbstverständnis Jesu und die Deutung seiner Person 94
«Der Sohn des Menschen» 94
Christus 99
Sohn Gottes 103

6. Die Passionsereignisse und der Tod in Jerusalem **105**
Jerusalem und der Tempel 106
Das letzte Mahl 110
Verhaftung und Hinrichtung 114

7. Jesus und die Entstehung des christlichen Glaubens **118**

Zeittafel 123
Literatur 124
Bildnachweis 126
Personen- und Sachregister 127

Einleitung

Jesus von Nazareth hat wie keine andere Person der Geschichte die Menschen durch die Jahrhunderte hindurch fasziniert, inspiriert, mitunter auch irritiert. Das trifft auf jeden Fall für den christlich geprägten Kulturraum zu, für den Jesus von einzigartiger Bedeutung ist, es gilt aber auch darüber hinaus. Auch Judentum und Islam haben Jesus in je eigener Weise gedeutet: als Propheten oder als Verbreiter falscher Lehren und Verführer des Volkes. Letzteres ist eine Reaktion auf die Trennungsgeschichte von Judentum und Christentum, die sich in unterschiedlicher Weise auf die gemeinsamen Schriften und Traditionen berufen und Jesus eine je eigene Rolle in ihrer Geschichte zuweisen.

Unter den christlichen Konfessionen besteht, ungeachtet anderer Differenzen, Einigkeit darüber, dass das Bekenntnis zu Jesus Christus die gemeinsame Grundlage des christlichen Glaubens ist. Der Glaube an den Gott Israels, den die Christen mit den Juden teilen, wird durch dieses Bekenntnis entscheidend erweitert und verändert. Auf eben dieses Bekenntnis gründet sich das Christentum als die Weltreligion mit den weltweit meisten Mitgliedern.

Keine andere Person der Geschichte ist so häufig in bildender Kunst und Malerei, in Literatur und Musik dargestellt und gedeutet worden wie Jesus von Nazareth. Seine immense Wirkungsgeschichte hat sich auch in zahlreichen philosophischen und religiösen, kulturellen und sozialen Interpretationen Ausdruck verschafft, die in der rund zweitausendjährigen Geschichte des Christentums entstanden sind. Der christliche Glaube hat eigene Deutungen der Geschichte hervorgebracht, er hat die spätantike und mittelalterliche Philosophie nachhaltig beeinflusst, er hat zu eigenen Ritualen und Frömmigkeitspraktiken geführt, er hat ganze Kulturen und Epochen entscheidend geprägt – vor allem diejenigen des christlichen Abendlandes und der orthodoxen Kirchen Osteuropas, später dann auch diejenigen anderer geographischer und kultureller Regionen.

Kann man angesichts einer derart umfassenden Kultur- und Frömmigkeitsgeschichte überhaupt zu gesichertem Wissen über Jesus gelangen? Lässt sich also die Frage nach dem «historischen Jesus» überhaupt beantworten – oder trifft man stets nur auf Deutungen seiner Person, denen im Lauf der Christentumsgeschichte immer wieder neue hinzugefügt werden? Diese Frage beschäftigt die christliche Theologie, seitdem sich die Einsicht durchgesetzt hat, dass die Jesusdarstellungen des Neuen Testaments nicht deckungsgleich sind mit der historischen Wirklichkeit, auf die sie sich beziehen. Maßstab für diese Unterscheidung wurde die kritische Vernunft, die zwischen Jesus einerseits und den Deutungen seiner Person andererseits zu unterscheiden gelehrt hat.

Ein kritischer Umgang mit den biblischen (und auch mit nichtbiblischen) Texten erscheint heute in unserem Kulturkreis selbstverständlich. Das war er aber nicht immer, und das ist er auch heute keineswegs überall. Die biblischen Texte wurden lange Zeit als göttliche Offenbarungen betrachtet, aus denen die menschliche Vernunft Erbauung und Inspiration beziehen, die sie aber nicht kritisieren könne. Es war vor allem die protestantische Theologie des 18. und 19. Jahrhunderts, die ein anderes Verständnis des Verhältnisses von menschlicher Vernunft und biblischen Texten entwickelt hat. Nunmehr wurden diese Texte als von Menschen geschriebene Zeugnisse betrachtet, die deren Sicht auf Gott, den Menschen und dessen Erlösung zu erkennen geben, aber nicht unmittelbar als göttliches Wort oder als göttlich inspiriert gelten und deshalb auch nicht frei von Irrtümern sind. Es handelt sich vielmehr um antike Dokumente, die die Geschichte Israels, des Judentums und des frühen Christentums festhalten und deuten. Sie sind deshalb mit denselben Methoden zu interpretieren wie alle anderen historischen Texte.

Deutungen der biblischen Texte in der Kultur- und Frömmigkeitsgeschichte des Christentums holen diese in ihre jeweilige Gegenwart hinein. Das gilt für bildliche und literarische Darstellungen, aber auch für historisch-kritische Beschreibungen des Lebens und Wirkens Jesu. Sie interpretieren die Zeugnisse über Jesus aus der Perspektive der Gegenwart – im vorliegenden Buch also: aus einer (west)europäischen Sicht vom Anfang des 21. Jahrhunderts. Die Erforschung und Darstellung der Vergangenheit erfolgt immer in spezifischen geistes- und sozialgeschichtlichen Konstellationen und ist von kulturellen und sozialen Werturteilen geprägt. Sie ist zudem abhängig von den jeweils verfügbaren Kenntnissen über die betreffende Person und ihre Zeit. Neue Textfunde oder archäologische Entdeckungen können Bilder der Vergangenheit erweitern und verändern, ebenso wie veränderte Sichtweisen zu neuen Interpretationen historischer Zeugnisse führen können. So haben etwa archäologische Entdeckungen in Galiläa seit den siebziger Jahren des 20. Jahrhunderts das Bild dieser Region des Wirkens Jesu nachhaltig verändert. Zudem ist in der neueren Forschung deutlich zutage getreten, dass Lehre und Wirken Jesu in den Kontext des Judentums seiner Zeit eingezeichnet werden müssen, um angemessen dargestellt zu werden.

Eine historisch-kritische Jesusdarstellung bewegt sich demnach innerhalb eines Spektrums von Deutungen des Wirkens und Geschicks Jesu. Sie kann unterscheiden zwischen dem, was historischer Prüfung standhält, und dem, was daraus in der Wirkungsgeschichte geworden ist – etwa zwischen dem, was wir über die Geburt Jesu historisch wissen (oder besser: nicht wissen), und der überaus eindrücklichen Wirkungsgeschichte dieser Geburt in der christlichen Frömmigkeitsgeschichte. Eine historisch-kritische Jesusdarstellung kann auch abwegige und problematische Thesen der Forschung (etwa: Jesus sei gar kein «richtiger» Jude gewesen) offenlegen und korrigieren. Eine historisch-kritische Jesusdarstellung kann jedoch nicht den Anspruch erheben, die geschichtliche Wirklichkeit Jesu so zu rekonstruieren, wie sie tatsächlich gewesen ist. Auch wenn dies das Ideal der kritischen Geschichtswissenschaft ist, muss bedacht werden, dass jede historische Darstellung selektiv und aus einer bestimmten Perspektive verfasst ist.

Historisch-kritische Jesusdarstellungen sind der Interpretation der Vergangenheit ebenso verpflichtet wie ihrer eigenen Gegenwart. Jesusbücher des 19. Jahrhunderts sehen deshalb anders aus als solche vom Anfang des 21. Jahrhunderts. In neueren Darstellungen wird wesentlich stärker auf soziale und politische Konstellationen in den Regionen des Wirkens Jesu geachtet, es werden Kenntnisse über das vielfältige Judentum zur Zeit Jesu berücksichtigt und es fließen Einsichten aus der Erzählforschung in die Interpretation der Evangelien ein.

Die folgende Darstellung versteht sich in diesem Kontext. Sie möchte auf der Höhe des aktuellen Forschungsstandes und der Grundlage historisch-kritischer Interpretation biblischer Texte darlegen, was gegenwärtig über Jesus von Nazareth historisch begründet und nachvollziehbar gesagt werden kann. Eine solche Darstellung erhebt weder den Anspruch auf Vollständigkeit noch gar auf «historische Wahrheit». Sie möchte vielmehr eine Grundlage dafür liefern, sich auch in heutiger Zeit mit dem Wirken Jesu auseinanderzusetzen.

1. Auf der Suche nach dem historischen Jesus

Der Beginn der kritischen Jesusforschung wird zumeist mit dem Hamburger Professor für orientalische Sprachen Hermann Samuel Reimarus (1694–1768) in Verbindung gebracht. Reimarus war ein Vertreter der sich im Europa des 18. Jahrhunderts durchsetzenden Auffassung, dass Wahrheitsansprüche von Religionen mit Hilfe der kritischen Vernunft zu prüfen und zu relativieren seien. So galt für Reimarus in den biblischen Texten nur das als plausibel, was einer solchen Prüfung standhält. Bei den Jesusdarstellungen der Evangelien unterschied er dementsprechend zwischen der Lehre Jesu einerseits, die er als Appell an die jüdischen Zeitgenossen zur Umkehr und zu einem gottgefälligen Leben auffasste, der Lehre der Apostel andererseits, die daraus das System von einem Erlöser, der vom Tode auferstanden und zum Himmel erhöht worden sei, erstellt hätten. Die Behauptung der Auferstehung Jesu und seiner Erhöhung hielt Reimarus dabei ebenso für eine Erfindung wie die Lehre von Jesu Tod zur Erlösung der Menschen. Er hatte dafür eine sehr pragmatische Erklärung parat: Die Apostel hätten sich diese Lehren ausgedacht, weil sie nicht an ihre Wohnorte und ihre Arbeit zurückkehren, sondern die Verkündigung des Gottesreiches auch nach dem Tod Jesu fortsetzen wollten.

Der programmatische Titel der Schrift, in der Reimarus diese Sicht darlegte, lautet: «Apologie oder Schutzschrift für die vernünftigen Verehrer Gottes». Reimarus hatte diese Schrift jedoch selbst nicht veröffentlicht, um einen Eklat mit der lutherischen Kirche zu vermeiden. Allerdings gab Gotthold Ephraim Lessing (1729–1781) posthum in den Jahren 1774 bis 1778 Teile des Werks unter dem Titel «Fragmente eines Ungenannten» heraus. Mit dem dadurch provozierten «Fragmentenstreit» wollte Lessing, der selbst von einer aufklärerischen Position her die biblischen Schriften interpretierte, eine Diskussion über das Verhältnis von Vernunft und Offenbarung anstoßen. Lessing unterschied, ähnlich wie Reimarus, wenn auch mit anderer Begründung, zwischen der «Religion Christi» und der «christlichen Religion»: Die Religion Christi sei diejenige Überzeugung, die Christus selbst gehabt habe und die jeder Mensch mit ihm teilen könne. Die christliche Religion nehme dagegen als wahr an, dass Christus mehr als ein Mensch gewesen sei und verehre ihn entsprechend. Das von der christlichen Religion entwickelte System von Glaubenssätzen habe sich im Lauf der Geschichte immer wieder verändert und könne nicht als Erweis ihrer Wahrheit dienen. Dieser könne nur dadurch erbracht werden, dass der natürliche, sittliche Gehalt der christlichen Religion zur Geltung gebracht werde. Erst in dieser Entwicklung hin zu einer natürlichen Religion, die sich von mythischen Vorstellungen früherer Phasen der Menschheitsgeschichte befreit, kommt das Christentum Lessing zufolge zu sich selbst.

Reimarus und Lessing sind frühe Vertreter einer aufgeklärten Sicht, die sich von der kirchlichen Dogmatik – insbesondere in Gestalt der lutherischen Orthodoxie – befreien und Jesus als Menschen wiederentdecken möchte. In den Mittelpunkt rückte dabei insbesondere seine ethische Lehre, wogegen die Behauptung seines göttlichen Wesens problematisch erschien. Damit war die Grundlage dafür gelegt, mit Hilfe der kritischen Vernunft nach Jesus und den Anfängen des christlichen Glaubens zu fragen. Die durch Reimarus und Lessing begründete Unterscheidung zwischen dem Wirken Jesu und dessen Deutung aus der Sicht des christlichen Glaubens wird bis heute vorausgesetzt, wenn auch in anderer Weise und mit anderer Begründung.

Die weitere Entwicklung der historisch-kritischen Jesusforschung lässt sich als Ringen um die Frage beschreiben, was über Jesus mit den Mitteln der historischen Kritik herausgefunden werden kann. Das Spektrum reicht dabei von einer radikalen Skepsis auf der einen bis zu einem großen Zutrauen in die Möglichkeiten historischer Rekonstruktion auf der anderen Seite. Problematisiert wird auch, ob die Frage nach dem «historischen Jesus» überhaupt sachgemäß und sinnvoll sei.

Die radikal skeptische Position vertritt die Auffassung, über Jesus lasse sich nichts historisch Belastbares herausfinden. Die zur Verfügung stehenden Quellen seien Glaubenszeugnisse, keine historischen Dokumente. Eine solche Position wurde im 19. Jahrhundert prominent von dem Tübinger Theologen und Philosophen David Friedrich Strauß (1808–1874) vertreten. In seinem zweibändigen Werk «Das Leben Jesu, kritisch bearbeitet» von 1835/36 wandte er den Begriff «Mythos» auf die Evangelien und die ihnen zugrundeliegenden Überlieferungen an. Unter «Mythos» verstand Strauß die «absichtslos dichtende Sage», die das Leben Jesu mit mythischen Vorstellungen umgebe und es auf diese Weise religiös deute. Bei den Überlieferungen vom Leben Jesu sei dies vor allem mit Hilfe von Mythen aus dem Alten Testament und dem Judentum geschehen.

Die Position von Strauß taucht in der Jesusforschung überall dort wieder auf, wo die Jesusüberlieferungen als vom christlichen Glauben überformt und deshalb für die historische Rückfrage ungeeignet beurteilt werden. Im 20. Jahrhundert wurde eine solche Sicht prominent von Rudolf Bultmann (1884–1976) vertreten. Für Bultmann war die historische Frage nach Jesus zudem theologisch unergiebig, weil der christliche Glaube nicht auf dem historischen Jesus gründe, sondern auf den Glaubenszeugnissen des ältesten Christentums. Dieses Argument berührt sich mit der Auffassung von Martin Kähler (1835–1912), der in seinem einflussreichen Vortrag «Der sogenannte historische Jesus und der geschichtliche biblische Christus» (1892) argumentiert hatte, «diese ganze Leben-Jesu-Bewegung» sei ein «Holzweg», denn sie verkenne, dass «der wirkliche Christus ... der gepredigte Christus» sei. Auch Kähler war der Auffassung, dass keine Quellen existieren, die den Maßstäben der kritischen Geschichtswissenschaft genügen und einer historischen Darstellung Jesu zugrunde gelegt werden könnten.

Die Gegenposition wird von denjenigen Forschern vertreten, die es für möglich und notwendig halten, mit den Mitteln kritischer Geschichtswissenschaft nach Jesus zu fragen. Zu ihnen zählen die Vertreter der sogenannten «liberalen» Leben-Jesu-Forschung des 19. Jahrhunderts, aber auch diejenigen Forscher, die etwa seit der Mitte des 20. Jahrhunderts zahlreiche Jesusdarstellungen auf der Grundlage der zur Verfügung stehenden historischen Quellen verfasst haben. Gegenüber den Behauptungen, es sei historisch nicht möglich und theologisch unergiebig, nach dem historischen Jesus zu fragen, wird dabei ins Feld geführt, die Evangelien des Neuen Testaments machten selbst deutlich, dass das Wirken Jesu und die Entstehung des christlichen Glaubens nicht voneinander zu trennen seien. Weiter ist in der neueren Jesusforschung darauf verwiesen worden, dass Quellen über Jesus und seine Zeit in ausreichendem Umfang zur Verfügung stünden, um ein historisches Profil Jesu zu zeichnen. Zudem sei es eine notwendige Aufgabe historisch-kritischer Theologie, sich mit den historischen Konturen des Wirkens und der Lehre Jesu zu befassen, um die Frage nach dem Werden des christlichen Glaubens, in dessen Zentrum die Person Jesu steht, nicht von ihren historischen Ursprüngen zu trennen. In diesem Sinn versteht sich auch die folgende Darstellung.

2. Biblische und außerbiblische Quellen

Die frühen Quellen, die von Jesus berichten, sind überwiegend christliche Texte. Es gibt jedoch auch spärliche außerchristliche Zeugnisse. Jesus wirkte innerhalb des Judentums, in einem Randgebiet des Römischen Reiches. Sein Auftreten wurde deshalb zunächst vor allem von seinen Anhängerinnen und Anhängern wahrgenommen und überliefert. Von außen betrachtet erschienen diese Gemeinschaften dagegen zunächst als innerjüdische Gruppierungen (was sie zumindest teilweise auch waren) oder als marginale und skurrile Randerscheinungen, die keine größere Beachtung verdienten. Eine intensivere Auseinandersetzung mit dem Christentum lässt sich erst ab der Mitte des 2. Jahrhunderts wahrnehmen. Die frühen Quellen sind deshalb überwiegend aus der Binnenperspektive des Glaubens an Jesus als Christus und Sohn Gottes verfasst.

Christliche Quellen

Die Paulusbriefe. Die ältesten christlichen Texte sind die Briefe des Apostels Paulus. Sie sind etwa in den Jahren 50 bis 56 n. Chr. entstanden und richten sich an christliche Gemeinden, in einem Fall an eine Einzelperson (Philemon). Für Paulus ist das irdische Wirken Jesu Bestandteil des Evangeliums vom Sohn Gottes, der von Gott in die Welt gesandt und nach seinem Tod auferweckt und zur Rechten Gottes erhöht wurde. Auf das Wirken Jesu geht Paulus dabei nur selten ein. In einem der ältesten christlichen Bekenntnisse, das Paulus im 1. Korintherbrief zitiert, werden der Tod Christi für unsere Sünden, sein Begräbnis, seine Auferweckung und seine Erscheinungen vor Kephas, dem Zwölferkreis sowie weiteren Zeugen, zuletzt auch vor Paulus selbst, genannt. Vom irdischen Wirken Jesu ist dagegen nicht die Rede.

Gelegentlich kommt Paulus auf dieses im Zusammenhang

von Ermahnungen seiner Adressaten zu sprechen. Er beruft sich dabei auf Worte des «Herrn», also des auferweckten und erhöhten Jesus Christus. So zitiert er in 1. Korinther 11,23b–25 die Überlieferung vom letzten Mahl Jesu «in der Nacht, in der er ausgeliefert wurde». Es handelt sich um eine Version der Einsetzungsworte zum Abendmahl, die auch in den Evangelien nach Markus, Matthäus und Lukas zitiert werden. Paulus führt sie hier an, um die korinthische Gemeinde zur angemessenen Feier des «Herrenmahls» aufzufordern. In 1. Korinther 7,10 beruft er sich auf das Verbot der Trennung von Mann und Frau durch den «Herrn». Dazu gibt es Analogien in den synoptischen Evangelien, wo Jesus ebenfalls die Ehescheidung untersagt (Markus 10,2–12/Matthäus 19,3–9; Matthäus 5,31–32/Lukas 16,18). Paulus zitiert aber kein Jesuswort, sondern formuliert die Weisung mit eigenen Worten. Zudem führt er in 1. Korinther sieben weitere Anweisungen in seiner eigenen Autorität an. In 1. Korinther 9,14 beruft sich Paulus auf ein Wort des Herrn, der angewiesen habe, dass die, die das Evangelium verkünden, auch vom Evangelium leben sollen. Allerdings begründet Paulus in dem Kapitel, warum er von dieser Regel abweicht und das Evangelium ohne materiellen Lohn verkündet. An einigen weiteren Stellen der Paulusbriefe finden sich Analogien zu den synoptischen Evangelien, ohne dass sie als Jesusworte gekennzeichnet wären.

Paulus kannte demnach einige Überlieferungen von Worten Jesu sowie von seiner Passion. Inwieweit er darüber hinaus Kenntnisse vom Wirken Jesu besaß, lässt sich nicht feststellen. Seine eigene Theologie entwickelt er jedenfalls nicht aus der Interpretation dieser Überlieferungen, sondern auf der Grundlage der frühchristlichen Überzeugung über das durch Jesus Christus vermittelte Heil Gottes für alle Menschen. Einige Überlieferungen, die bei Paulus als generelle Unterweisungen begegnen, werden später in den Evangelien unter die Autorität Jesu gestellt.

Die synoptischen Evangelien. Die wichtigsten Quellen für die Rekonstruktion von Wirken und Geschick Jesu sind die Evangelien des Neuen Testaments. Diese sind etwa im Zeitraum von 70 bis 100 n. Chr. entstanden und damit die ältesten Erzählungen über Jesus. Drei von ihnen – die Evangelien nach Markus, Matthäus und Lukas – hängen literarisch untereinander eng zusammen. Sie folgen über weite Strecken demselben Aufbau und überschneiden sich häufig in ihren Inhalten. Sie werden deshalb auch «synoptische» (gemeinsam zu betrachtende) Evangelien genannt. Die wahrscheinlichste Annahme zur Erklärung dieses Phänomens lautet, dass das Markusevangelium als erstes (nämlich um das Jahr 70) entstanden ist und den Verfassern der beiden anderen Evangelien vorgelegen hat. Folgt man dieser Sicht, fällt ins Auge, dass Matthäus und Lukas etliche gemeinsame Passagen aufweisen, die sich im Markusevangelium nicht oder in einer anderen Fassung finden. Dazu gehören z. B. die Gerichtspredigt Johannes des Täufers (Matthäus 3,7–10/Lukas 3,7–9); die Versuchung Jesu durch den Satan (Matthäus 4,1–11/ Lukas 4,1–13); die Seligpreisungen der Armen, Hungernden und Trauernden (Matthäus 5,3–6/Lukas 6,20–21); die Aussendung der Jünger durch Jesus (Matthäus 10,5–16/Lukas 10,2–12); Jesu Rede darüber, dass man nur Gott und nicht die Menschen fürchten soll (Matthäus 10,26–33/Lukas 12,2–9), sowie die Aufforderung, sich nicht um Nahrung und Kleidung zu sorgen, sondern ganz auf Gott zu vertrauen (Matthäus 6,25–33/Lukas 12,22–31). Diese und etliche weitere Texte stimmen in Aufbau und Inhalt, mitunter auch im Wortlaut, recht genau überein.

Vermutlich stammen sie (oder zumindest einige von ihnen) aus einer gemeinsamen Quelle, die selbst durch kein Manuskript bezeugt, sondern nach ihrer Einarbeitung in das Matthäus- und das Lukasevangelium aus der Überlieferung verschwunden ist. Über Umfang, Wortlaut und literarische Gestalt dieser Quelle – die in Ermangelung eines Titels oft einfach mit «Q» abgekürzt wird – ist in der Forschung intensiv diskutiert worden. Es wurde die Vermutung geäußert, diese Quelle weise ein eigenes Jesusbild auf, das von den synoptischen Evangelien abweiche, vor allem, weil sie anscheinend keine Passionserzählung enthielt. Es wurde sogar gemutmaßt, dass diese Quelle näher an Jesus heranführe, weil sie zu einem wesentlichen Teil Sprüche und Reden enthielt – daher wird sie auch als «Spruchquelle» bzw. «Spruchevangelium» bezeichnet –, von denen sich jedenfalls einige auf die Lehre Jesu zurückführen ließen. Bei nüchterner Betrachtung zeigt sich allerdings, dass Umfang, Inhalt und sprachliche Gestalt dieser hypothetischen Quelle nur in Grenzen bestimmt werden können.

Festhalten lässt sich indes, dass Matthäus und Lukas neben dem Markusevangelium Zugang zu weiteren Überlieferungen hatten, die zum Teil aus Reden Jesu bestanden, in denen ein radikales Ethos gefordert und den Gegnern Jesu das Gericht Gottes angekündigt wird. Vermutlich spiegeln diese Überlieferungen ein Milieu wider, in dem Jesus und seine ersten Nachfolger die Aufrichtung der Herrschaft Gottes in Israel verkündeten und dabei sowohl auf Akzeptanz als auch auf Ablehnung und Feindschaft stießen. Diese Texte bereichern damit das Bild der frühen Jesusüberlieferung in entscheidender Weise, auch wenn sich kein literarischer Zusammenhang wie bei den Evangelien rekonstruieren lässt.

Die synoptischen Evangelien sind, wie alle anderen christlichen Schriften auch, in der Überzeugung verfasst, dass Jesus der Sohn Gottes ist, der in Gottes Autorität auf der Erde gewirkt hat und nach seinem Tod von Gott auferweckt und zu ihm erhöht wurde. Die Evangelien wollen diese Überzeugung, die auch und gerade angesichts seines Kreuzestodes in Geltung bleibt, durch Erzählungen vom Wirken Jesu zum Ausdruck bringen. Es handelt sich demnach um Schriften, die christliche Gemeinden in ihrem Glauben stärken wollen, indem sie das Wirken Jesu so erzählen, dass es als Anbruch der Herrschaft Gottes auf der Erde erkennbar wird. Zugleich wird die Geschichte Jesu für die eigene Zeit transparent. Die Gemeinden, an die sich die Evangelien richten, sollen sich selbst als Teil der Geschichte Jesu verstehen und in seiner Nachfolge bleiben. Die Evangelien stellen auf diese Weise die Herausforderungen ihrer eigenen Zeit in den Horizont der Geschichte Jesu.

Die synoptischen Evangelien erzählen vom Auftreten Jesu in Galiläa und den angrenzenden Regionen, anschließend dann von seinem Kommen nach Jerusalem und den dortigen Ereignissen seiner Verhaftung und Kreuzigung. Sie enden mit der Auffindung des leeren Grabes und der Botschaft von der Auferweckung Jesu (Markus) bzw. mit Erscheinungen des Auferstandenen (Matthäus und Lukas). Sie teilen darüber hinaus etliche Merkmale der Darstellung des Wirkens Jesu. Im Zentrum steht der Anbruch der Gottesherrschaft. Durch seine Lehre, seine machtvollen Taten und seine Mahlgemeinschaften wird das Heil Gottes für die Menschen in seinem Umfeld unmittelbar erfahrbar. Jesus ruft Israel zur Umkehr auf und gründet einen Kreis von zwölf Jüngern als symbolische Repräsentation des Volkes Israel. Die Zwölf nehmen am Wirken Jesu teil und werden von ihm in die Dörfer und Städte Israels gesandt. Durch sein Wirken gerät Jesus in Konflikt mit Gruppen innerhalb Israels, die seinen Anspruch, in Gottes Autorität aufzutreten, als anmaßend empfinden und mit ihm über die Auslegung der Tora streiten. In Jerusalem gerät Jesus sodann in Konflikt mit den dortigen jüdischen Autoritäten, die ihn an die Römer ausliefern, von denen er hingerichtet wird. Ungeachtet dieser Gemeinsamkeiten besitzt jedes Evangelium sein eigenes literarisches und inhaltliches Profil.

Das *Markusevangelium* erzählt die Geschichte von der im Wirken Jesu verborgen anbrechenden Gottesherrschaft. Bedrängnisse und Verfolgungen dürfen ebenso wenig dazu führen, an Jesus, dem Sohn Gottes, dessen Heilungen und machtvolle Taten das Heil Gottes zu den Menschen bringen, zu zweifeln, wie die Tatsache, dass das Reich Gottes klein und unscheinbar angebrochen ist und Jesus selbst hingerichtet wurde. Das Markusevangelium verweist dazu auf Gottes machtvolles Handeln am Ende der Zeit, wenn seine Herrschaft vollendet und Jesus als Menschensohn zum Gericht wiederkommen wird. Das Verhältnis von kleinem, unscheinbarem Beginn und großem, machtvollem Ende nennt Markus «das Geheimnis der Gottesherrschaft» (4,11). Daraus entstehen immer wieder Irritationen über Jesus. Die Menschen fragen sich, wer er eigentlich ist, in wessen Autorität er auftritt und woher er die Macht besitzt, selbst Naturgewalten zu bändigen. Markus verweist darauf, dass diese Fragen erst am Ende der Zeit, mit dem machtvollen Wiederkommen Jesu für alle sichtbar beantwortet werden.

Das *Matthäusevangelium* nimmt das Markusevangelium auf,

setzt aber eigene Akzente. Die Geschichte Jesu wird tief in den Schriften und Traditionen Israels und des Judentums verankert. Seine Genealogie reicht zurück bis zu David und sogar bis zu Abraham. Sein Wirken ist, wie das Matthäusevangelium immer wieder betont, die Erfüllung der Verheißungen der Schriften Israels. Die Gemeinde, die sich auf das Bekenntnis zu Jesus Christus gründet, steht in Auseinandersetzungen mit anderen jüdischen Gruppen, insbesondere mit den Pharisäern, über die legitime Auslegung der jüdischen Schriften und Traditionen. Matthäus reklamiert diese für die «Gemeinde» *(ekklêsia)* der Nachfolger Jesu, die damit die wahren Erben der Verheißungen Gottes an sein Volk sind. Die Interpretation des Gesetzes durch Jesus legt dessen eigentliche Bedeutung frei. Nach dem von Jesus ausgelegten Gotteswillen zu leben, führt deshalb zur Vollkommenheit. Anders als im Markusevangelium ist das Wirken Jesu und seiner Jünger vollständig auf Israel konzentriert, erst ganz am Ende erteilt der auferstandene Jesus seinen Jüngern den Auftrag, «alle Völker» zu Jüngern zu machen, sie zu taufen und zu lehren, was Jesus geboten hat.

Das *Lukasevangelium* ist der erste Teil eines zweiteiligen Geschichtswerkes, das mit der Ankündigung der Geburten Johannes des Täufers und Jesu beginnt und mit der Verkündigung der Gottesherrschaft durch Paulus in Rom endet. Auch im Lukasevangelium ist das Wirken Jesu ganz auf Israel konzentriert, die Ausbreitung der Christusbotschaft zu den anderen Völkern wird erst in der Apostelgeschichte erzählt. Jesus wird im Lukasevangelium als der Sohn Gottes beschrieben, dem Gott den Thron seines Vaters David geben wird (Lukas 1,32). Er wirkt als der von Gott gesalbte Prophet, der das Heil Gottes zu den Armen, Kranken und Gefangenen bringt. Mit seinem Kommen hat Gott machtvoll gehandelt. Er hat die Mächtigen vom Thron gestoßen und die Niedrigen erhöht; die Hungernden werden mit Gutem gefüllt, die Reichen gehen leer aus. Immer wieder wird davor gewarnt, sich auf irdischen Besitz zu verlassen. Bei Gott zählt nur ein verantwortungsvoller Umgang mit irdischen Gütern, die zu barmherzigem, die Not der Bedürftigen linderndem Handeln eingesetzt werden sollen.

Die synoptischen Evangelien zeichnen das Wirken Jesu in je eigener Weise in seine geographischen, religiösen und politischen Kontexte ein. Für eine historische Darstellung lassen sich daraus Konturen des Lebens Jesu gewinnen – zwar nicht in Form einer vollständigen Biographie, aber so, dass wesentliche Inhalte des Wirkens Jesu und dessen historischer Kontext deutlich werden.

Das Johannesevangelium. Im Johannesevangelium begegnet ein deutlich anderes Jesusbild. Das irdische Wirken Jesu wird explizit im Rückblick geschildert, nachdem Jesus von den Toten auferweckt (2,22) und verherrlicht (12,16) worden war. Er wird als das göttliche «Wort» charakterisiert, das Mensch geworden ist (1,14) und Leben, Licht, Gnade und Wahrheit in die Welt gebracht hat (1,4.17). Durch Jesus wird deshalb die göttliche Herrlichkeit im irdischen Bereich sichtbar. Jesus behält seine göttliche Souveränität auch in den Passionsereignissen, die deshalb im Johannesevangelium einen ganz anderen Charakter als in den synoptischen Evangelien haben. Erkennbar wird das etwa am Dialog mit Pilatus, in dem Jesus sagt, Pilatus habe nur Macht über ihn, weil sie ihm von oben gegeben worden sei (19,11). Die Verspottung Jesu durch die römischen Soldaten wird als paradoxe Königskrönung dargestellt, bei der Jesus eine Dornenkrone und einen Purpurmantel erhält (Johannes 19,2–3). Damit wird auf hintergründige Weise deutlich, dass Jesus tatsächlich ein «König», sein Königtum aber nicht von dieser Welt ist und er deshalb verachtet und verspottet wird.

Ungeachtet der eigenen Darstellungsweise des Johannesevangeliums, finden sich Aspekte, die für eine historische Rekonstruktion zu beachten sind. So fällt auf, dass Jesus mehrmals zwischen Galiläa und Jerusalem hin- und herreist. Das könnte der historischen Realität eher entsprechen als die synoptische Darstellung, in der Jesus nur einmal von Galiläa nach Jerusalem kommt. Auch die im Johannesevangelium erwähnte Tauftätigkeit Jesu (3,22.26; 4,1) könnte einen historischen Kern haben. In den synoptischen Evangelien verlautet nichts davon, dass Jesus getauft habe, auch das Johannesevangelium korrigiert sich gleich selbst: nicht Jesus, sondern seine Jünger hätten getauft (4,2). Diese offenbar sekundäre Korrektur betont die Differenz zwischen Johannes dem Täufer und Jesus, die auch die synoptischen Darstellungen prägt. Schließlich kennt das Johannesevangelium etliche Orte und Personen, insbesondere in der Passionsgeschichte, die auf eine Vertrautheit mit den historischen Gegebenheiten schließen lassen.

Außerkanonische Quellen. Jesusüberlieferungen, zum Teil mit Analogien in den Evangelien des Neuen Testaments, begegnen auch in außerkanonischen Texten. Die *Didache*, eine Gemeindeordnung vom Ende des 1. Jahrhunderts, enthält in ihrem ersten Teil (Kapitel 1–6) Weisungen, die sich mit der Bergpredigt des Matthäusevangeliums berühren, hier allerdings nicht Jesus zugeschrieben, sondern als «Lehre der Apostel» überliefert und jeweils durch «Mein Kind ...» eingeleitet werden. Des Weiteren finden sich in der *Didache* das Vaterunser, eingeleitet durch die Anweisung, so zu beten, «wie es der Herr im Evangelium geboten hat» (Kapitel 8), sowie Gebete, die bei der Eucharistiefeier über Kelch und Brot gesprochen werden sollen. Die Einsetzungsworte werden dagegen nicht angeführt.

«Worte des Herrn Jesus» werden auch im *1. Klemensbrief*, ebenfalls vom Ende des 1. Jahrhunderts, genannt. Der *2. Klemensbrief*, etwa aus der Mitte des 2. Jahrhunderts, zitiert häufiger ein Wort Jesu bzw. des «Herrn», an einer Stelle eingeleitet durch «Der Herr sagt im Evangelium» (8,5).

Seit dem 2. Jahrhundert sind «apokryphe» (verborgene) Evangelien entstanden. Dazu gehört ein weites Spektrum von Texten, die Lehre und Leben Jesu in unterschiedlicher Weise darstellen. Für die historische Rückfrage sind nur einige dieser Texte von Interesse. Das *Thomasevangelium* versammelt eine große Anzahl an Worten und Gleichnissen Jesu sowie einzelne Episoden aus seinem Wirken, zumeist Dialoge mit seinen Jüngern oder anderen Personen in seinem Umfeld. Am Beginn werden diese Lehren als «verborgene Worte des lebendigen Jesus» charakterisiert, für deren Verständnis es besonderer Einsicht bedarf. Im Thomasevangelium begegnen Worte und Gleichnisse, die zur ältesten Jesusüberlieferung gehören, etwa das Gleichnis vom verlorenen Schaf (Spruch 107), das Wort über die wahren Verwandten Jesu, die den Willen seines Vaters tun (99), dasjenige über die Arbeiter, die in die Ernte gesandt werden (73), oder die Seligpreisung der Verfolgten (68). Andere Worte gehören dagegen zu einem späteren Überlieferungsstadium, wie etwa das Wort über Bräutigam und Brautgemach (104), dasjenige über die Einzelnen, die in den Hochzeitssaal eingehen werden (75), oder dasjenige über Bild und Abbild (84), das auf eine platonisch beeinflusste Anthropologie verweist (vgl. auch 50 und 83). Häufiger werden im Thomasevangelium jüdische Rituale wie Beschneidung, Sabbatfeier, Almosengeben, Beten und Fasten kritisiert. Die Adressaten werden als «Einzelne» und «Erwählte» angesprochen, die auf eine radikale Ethik der Enthaltsamkeit von dieser Welt verpflichtet werden. Das Thomasevangelium spiegelt demnach eine Richtung der Jesusüberlieferung im frühen Christentum wider, die die Abgrenzung gegenüber jüdischen Traditionen betont und die Erlösung in der Rückkehr des Menschen zu seinem Ursprung sieht, die als Eingehen in das «Königreich des Vaters» beschrieben wird. Jesus vermittelt die hierfür notwendige Lehre, an der sich seine Jünger orientieren sollen. Die Jesusüberlieferungen sind im Thomasevangelium demnach in ein Konzept eingebunden, das Person und Lehre Jesu im Horizont philosophischer und ethischer Traditionen deutet, die im 2. und 3. Jahrhundert verschiedentlich im Christentum begegnen.

Der *Papyrus Egerton*, der etwa aus der zweiten Hälfte des 2. Jahrhunderts stammt, besteht aus vier beidseitig beschriebenen Blättern eines Kodex, die einige Episoden des Wirkens Jesu enthalten, etwa die Heilung eines Aussätzigen sowie Streitgespräche zwischen Jesus und den «Obersten des Volkes» (der Juden) über die Autorität Jesu und die Frage des Steuerzahlens. Der Text, zu dem diese Fragmente gehört haben, ist nur noch rudimentär erkennbar. Es könnte sich um eine Jesuserzählung nach Art der neutestamentlichen Evangelien gehandelt haben, in der Begebenheiten des Wirkens Jesu episodisch miteinander verknüpft waren.

Der *Papyrus Oxyrhynchus 840* besteht nur aus einem einzigen Blatt, das ebenfalls zu einem Kodex gehörte. Dieser stammt aus dem 4. Jahrhundert, der Text könnte aber ins 2. Jahrhundert zurückgehen. Erzählt wird die Begegnung mit einem Pharisäer und Hohepriester auf dem Jerusalemer Tempelplatz. Dieser wirft Jesus und seinen Jüngern vor, die Reinheit des Ortes nicht zu achten, die er selbst durch die Waschung im «Teich Davids» und das Anlegen weißer Kleider respektiere. Jesus entgegnet, die Reinheit des Pharisäers sei eine nur äußerliche, er und seine Jünger hätten sich dagegen in «lebendigen Wassern, die von oben kommen», gebadet. Die Episode liefert vermutlich keine historischen Erkenntnisse über Jesus und den Kontext seines Wirkens. Näher liegt, dass dahinter Kontroversen zwischen verschiedenen christlichen Gruppen über die Bedeutung der Taufe als einem mit Wasser zu vollziehenden Ritual oder aber einer geistigen Verbindung mit dem göttlichen Bereich aus dem 2. Jahrhundert stehen.

Das *Petrusevangelium* stammt ebenfalls aus dem 2. Jahrhundert. Erhalten ist das Fragment einer eigenständigen Version der Passionsgeschichte in einem Manuskript aus dem 6./7. Jahrhundert. Ein weiteres kleines Fragment stammt aus dem 2./3. Jahrhundert. Das Petrusevangelium weist etliche Züge auf, die auch in den neutestamentlichen Evangelien begegnen, deutet die Passionsereignisse aber in eigenständiger Weise. Besonders herausgestellt wird die Schuld der Juden am Tod Jesu, zudem wird seine Auferstehung in einer gegenüber dem Neuen Testament deutlich gesteigerten Weise erzählt (Jesus kommt für die Umstehenden deutlich sichtbar aus dem Grab, gefolgt von dem Kreuz).

Weitere außerkanonische Fragmente, etwa *Papyrus Oxyrhynchus 1224* oder *Papyrus Vindobonensis Graecus 2325*, könnten ebenfalls alte Jesusüberlieferungen enthalten. Das Verhältnis zu den neutestamentlichen Evangelien ist dabei nicht immer eindeutig zu klären. Außerkanonische Texte wie etwa das *Mariaevangelium*, das *Judasevangelium* oder der *apokryphe Brief des Jakobus* sind davon geprägt, das Wirken Jesu im Kontext theologie- und sozialgeschichtlicher Konstellationen des 2. Jahrhunderts zu interpretieren. Dabei sind die neutestamentlichen Evangelien vorausgesetzt, Jesus und seine Lehre werden jedoch in neuer Weise, die nicht mehr am historischen Kontext seines Wirkens orientiert ist, gedeutet. Insgesamt tragen die außerkanonischen Texte demnach nur wenig zur historischen Rekonstruktion des Wirkens und Geschicks Jesu bei. Sie sind stattdessen wichtige Zeugen für die Rezeption und Interpretation der Person Jesu ab dem 2. Jahrhundert.

Jüdische Quellen: Flavius Josephus

Der jüdische Historiker Flavius Josephus (ca. 37–ca. 100) verfasste mehrere Werke, darunter eine große Geschichte des jüdischen Volkes in zwanzig Büchern («Jüdische Altertümer») sowie eine Darstellung des jüdisch-römischen Krieges der Jahre 66–74, an dem Josephus selbst aktiv beteiligt war. In dem erstgenannten Werk kommt er auf Johannes den Täufer, Jesus und Jakobus, den Bruder Jesu, zu sprechen. Des Weiteren beschreibt er an mehreren Stellen die jüdischen Gruppen der Pharisäer, Sadduzäer und Essener sowie eine vierte, gewaltsam gegen die Römer kämpfende Gruppe. Josephus ist damit einer der wichtigsten Zeugen für die Geschichte des Judentums zur Zeit Jesu. Seine Werke wurden von Christen überliefert, die darin eine wichtige jüdische Quelle für Jesus und seine Zeit sahen.

Der Passus über Johannes den Täufer (Jüdische Altertümer 18,116–119) findet sich innerhalb der Schilderung einer kriegerischen Auseinandersetzung zwischen Herodes Antipas und dem Nabatäerkönig Aretas IV. Antipas hatte in Rom an seiner Schwägerin Herodias, der Frau seines Bruders Herodes Boëthos, Gefallen gefunden und für diese seine erste Frau, eine Tochter des Aretas, verstoßen. Der daraufhin entstandene militärische Konflikt endete mit der Vernichtung des Heeres des Antipas. Josephus zufolge wurde das von manchen im jüdischen Volk als göttliche Strafe für die Hinrichtung des Johannes gedeutet. Dieser sei, wie Josephus weiter ausführt, ein angesehener Lehrer gewesen, der die Juden dazu angehalten habe, nach Tugend, Gerechtigkeit und Gottesfurcht zu streben und zur Taufe zu kommen. Seine Taufe diente nicht zur Vergebung der Sünden, sondern zur Heiligung des Leibes, denn die Seele sei bereits zuvor durch ein gerechtes Leben gereinigt worden. Johannes habe mit seinem Auftreten im jüdischen Volk großen Einfluss gehabt. Deshalb ließ ihn Herodes auf der Festung Machärus am Toten Meer hinrichten, weil er fürchtete, Johannes könnte das Volk zum Aufstand aufwiegeln.

Der Zusammenhang der zweiten Ehe des Antipas mit der Hinrichtung des Johannes wird auch in den Evangelien angedeutet, allerdings mit der Verwechslung, dass Herodias die Frau seines Bruders Philippus gewesen sein soll. Die Taufe des Johannes wird bei Josephus zudem deutlich anders geschildert als in den Evangelien, wo sie als Zeichen der Umkehr und des Schutzes vor dem Zorn Gottes beschrieben wird. Zudem stellt Josephus keinen Zusammenhang zwischen Johannes und Jesus her, von dem er bereits an früherer Stelle berichtet hatte. Der für die Evangelien entscheidende Aspekt des Wirkens des Johannes, nämlich auf Jesus vorauszuweisen, spielt bei Josephus demnach keine Rolle. Die Evangelien ordnen das Wirken des Johannes dagegen demjenigen Jesu zu und sogar unter, was dessen Selbstverständnis kaum entsprochen haben dürfte (siehe dazu unten, S. 58–60).

Der Passus über Jesus (das sogenannte «Testimonium Flavianum») findet sich ebenfalls im 18. Buch der «Jüdischen Altertümer» (63–64). Josephus schildert unmittelbar zuvor die durch Provokationen des römischen Statthalters Pilatus verursachten Konflikte mit den Juden und kommt dann auf das Wirken Jesu zu sprechen. Der entsprechende Abschnitt lautet:

> Um diese Zeit lebte Jesus, ein weiser Mensch, *wenn man ihn überhaupt einen Menschen nennen darf.* Er war nämlich der Vollbringer ganz unglaublicher Taten und der Lehrer aller Menschen, die mit Freuden die Wahrheit aufnahmen. So zog er viele Juden und auch viele Heiden an sich. *Er war der Christus.* Und obgleich ihn Pilatus auf Betreiben der Vornehmsten unseres Volkes zum Kreuzestod verurteilte, wurden doch seine früheren Anhänger ihm nicht untreu. *Denn er erschien ihnen am dritten Tage wieder lebend, wie gottgesandte Propheten dies und tausend andere wunderbare Dinge von ihm vorherverkündigt hatten.* Und noch bis auf den heutigen Tag besteht das Volk der Christen, die sich nach ihm nennen, fort. (Übersetzung H. Clementz, Hervorhebungen J. S.)

Etliche Aussagen dieses Abschnitts klingen wie christliche Bekenntnisaussagen, nicht wie Schilderungen eines jüdischen Historikers. Es ist deshalb wahrscheinlich, dass der Passus von christlicher Hand überarbeitet wurde. Die vermutlich christlichen Zusätze sind im Zitat kursiv gesetzt. Dass Jesus mehr war als ein Mensch, dass er der Christus war und dass er nach seinem Tod lebend erschien, wie es von den Propheten angekündigt worden war, wird kaum von Josephus formuliert worden sein. Ohne diese Zusätze klingt der Text weniger konfessorisch, bringt jedoch die Wertschätzung des Josephus für Jesus (analog zu derjenigen des Johannes) zum Ausdruck. Er charakterisiert ihn als zu Zeiten des Pilatus aufgetretenen Lehrer und Vollbringer erstaunlicher Taten, der auf Initiative der jüdischen Führerschaft von Pilatus zum Tod am Kreuz verurteilt wurde und eine Bewegung von «Christen» begründet hat, die auch zur Zeit des Josephus noch existiert.

In der dritten Passage (Jüdische Altertümer 20,200) kommt Josephus auf Jakobus, den Bruder Jesu, zu sprechen. Gemeinsam mit etlichen anderen sei dieser der Gesetzesübertretung angeklagt und hingerichtet worden. Jakobus wird dabei als «Bruder des Jesus, der Christus genannt wird» bezeichnet. Dieser Passus weist keinerlei Spuren christlicher Bearbeitung auf. Vielmehr wird Jakobus zu einem «Jesus» in Beziehung gesetzt, den Josephus zur Unterscheidung anderer Träger dieses Namens mit Hilfe der Christusbezeichnung identifiziert. Das berührt sich mit dem letzten Satz des «Testimonium Flavianum», wo «die Christen», die sich nach Jesus, dem Christus, nennen, erwähnt werden. Die Anklage der Gesetzesübertretung könnte auf einen Konflikt zwischen der sich auf Jesus berufenden Gruppe, zu der auch Jakobus gehörte, und anderen jüdischen Gruppierungen um die Auslegung der Tora verweisen.

Jesus wird auch in rabbinischen Texten genannt. In verschiedenen Texten des babylonischen Talmuds finden sich Passagen, die gegen Jesus polemisieren. Später sind diese zu einer eigenen Erzählung, den sogenannten «Toledot Jeschu», zusammengestellt worden. Dieser jüdische Gegenentwurf zu den Evangelien hat keinen historischen Wert für die Rekonstruktion des Lebens

Jesu. Er ist vielmehr ein Zeugnis der konfliktreichen und schmerzhaften Auseinanderentwicklung von Judentum und Christentum, die von Polemiken und Verleumdungen auf beiden Seiten begleitet war.

Griechisch-römische Texte

Der römische Historiker *Tacitus* (ca. 56–nach 118) berichtet im 15. Buch seiner «Annalen» von dem Versuch Neros, die Schuld für den Brand Roms im Jahr 64 den Christen zuzuweisen, um damit das Gerücht zu widerlegen, er sei selbst für den Brand verantwortlich. Tacitus schreibt in dem entsprechenden Passus von Leuten, «die wegen ihrer Schandtaten im Volk verhasst waren, die das Volk Christen nannte» (15,44). Er fährt fort, dass sich dieser Name von «Christus» herleite, der unter der Herrschaft des Tiberius durch den Prokurator Pontius Pilatus hingerichtet worden war. Dadurch sei der unheilvolle Aberglaube zunächst unterdrückt worden, später jedoch wieder ausgebrochen und auch nach Rom gelangt. Tacitus schreibt über diese Ereignisse aus der Perspektive eines Römers der Oberschicht, der keine nähere Kenntnis vom Christentum besitzt. Er rechnet es zu den vielen Formen von «Aberglauben», die als Folge der Ausdehnung des Römischen Reiches aus dem Osten nach Rom strömen.

Woher Tacitus die Informationen über «Christus» – Tacitus fasst dies als Eigennamen auf – hat, ist nicht erkennbar. Er könnte an sie durch Christen in Rom oder auch durch die Lektüre des Werkes von Josephus gelangt sein.

Sueton (ca. 70–ca. 130), der Biographien zwölf römischer Kaiser verfasst hat, erwähnt in seiner Lebensbeschreibung des Claudius (41–54), dieser habe die Juden, die «aufgehetzt durch Chrestus unablässig Unruhe stifteten», aus Rom vertrieben (25,4). Diese Maßnahme wird auch in Apostelgeschichte 18,2 erwähnt. Sueton kennt die Bedeutung der jüdischen Bezeichnung «Christus» (Gesalbter) nicht und ist offenbar der Auffassung, ein jüdischer Unruhestifter namens «Chrestus» habe zur Zeit des Claudius in Rom gewirkt. Dahinter dürften sich Auseinandersetzungen unter den Juden Roms über die christliche Verkündigung verbergen.

Plinius der Jüngere (61/62–ca. 112), römischer Statthalter in der Provinz Bithynien und Pontus, wendet sich während seiner Statthalterschaft verschiedentlich in Briefen an Kaiser Trajan, dessen Antworten ebenfalls erhalten sind. Plinius erkundigt sich dabei u. a. nach dem Umgang mit denen, die ihm als «Christen» *(Christiani)* angezeigt worden seien. Dabei gibt er eine aufschlussreiche Beschreibung des christlichen Gottesdienstes. Bei ihren Versammlungen würden die Christen «Christus als ihrem Gott einen Wechselgesang darbringen und sich per Eid dazu verpflichten, keinerlei Verbrechen ... zu begehen» (Brief 10,96). Plinius ist offenbar der Auffassung, Christus sei eine von den Christen verehrte Gottheit. Ob er davon weiß, dass es sich um den Juden Jesus von Nazareth handelt, ist nicht erkennbar.

Etwas später schreibt der Satiriker *Lukian von Samosata* (ca. 120–nach 180) über den griechischen Philosophen Peregrinus, der sich zeitweilig den Christen angeschlossen und im Jahr 165 während der Olympischen Spiele selbst verbrannt hatte. Peregrinus sei von den Christen «wie ein Gott» verehrt worden, er gelte ihnen als «Gesetzgeber» und «Anführer», «nach jenem anderen, den sie immer noch verehren, dem Menschen, der in Palästina hingerichtet wurde, weil er diesen neuen Kult eingeführt hatte» (Der Tod des Peregrinus, 11). Kurz darauf spricht Lukian von dem «ersten Gesetzgeber» der Christen, der sie gelehrt habe, «dass sie alle Brüder seien ... wenn sie die griechischen Götter verleugnen und jenen gekreuzigten Sophisten anbeten und nach seinen Gesetzen leben» (13). Die Christen würden allen weltlichen Besitz verachten und alles gemeinsam haben, deshalb seien sie leicht zu betrügen, wenn sich einer bei ihnen bereichern wolle. Lukian weiß demnach, dass Jesus als Begründer einer Gemeinschaft aufgetreten ist, die er auf ein bestimmtes Ethos verpflichtet hat. Auch dass er hingerichtet und danach von seinen Anhängern wie ein Gott verehrt wurde, ist ihm bekannt. Genauere Kenntnis über Jesus und das Christentum besitzt er dagegen nicht.

In einem Manuskript aus dem 7. Jahrhundert, das philosophische und medizinische Texte enthält, findet sich ein Brief des stoischen Philosophen *Mara bar Sarapion* an seinen Sohn. Das Schreiben ist schwer zu datieren (vermutlich ist es zwischen 72 und 165 entstanden). Mara ermahnt seinen Sohn, nach Weisheit und Tugend zu streben und irdischen Besitz zu verachten, dann werde Gott ihm helfen und die Menschen würden ihn lieben. Als Vorbilder hierfür verweist er auf die Weisen, die von Tyrannen gewalttätig behandelt und verleumdet wurden, aber dennoch den Sieg über ihre Widersacher davontrugen:

> Denn was hatten die Athener für einen Nutzen davon, dass sie Sokrates töteten, was ihnen [ja] mit Hungersnot und Pest vergolten wurde? oder die Samier von der Verbrennung des Pythagoras, da ihr ganzes Land in einem Augenblick vom Sand verschüttet wurde? oder die Juden von der Hinrichtung ihres weisen Königs, da ihnen von jener Zeit an das Reich weggenommen war? Denn gerechtermaßen nahm Gott Rache für jene drei Weisen: die Athener starben Hungers, die Samier wurden vom Meere bedeckt, die Juden umgebracht und aus ihrem Reiche vertrieben, leben allenthalben in der Zerstreuung. Sokrates ist nicht tot: wegen Platon, noch Pythagoras: wegen der Herastatue, noch der weise König: wegen der neuen Gesetze, die er gegeben hat. (Übersetzung F. Schulthess)

Mit dem «weisen König» ist offenbar Jesus gemeint, für dessen Tod die Juden verantwortlich gemacht werden, die dafür von Gott mit dem Verlust ihres Landes bestraft worden seien. Darin sowie in der Charakterisierung Jesu als «weiser König» und neuer Gesetzgeber dürfte sich christlicher Einfluss zeigen. Für Mara ist Jesus ein exemplarischer Weiser wie Sokrates und Pythagoras.

Die griechisch-römischen Autoren haben demnach nur sehr ungenaue Kenntnis von Jesus und den frühen Christen. Sie nennen einzelne Aspekte, die sie vom Hörensagen, möglicherweise auch aus schriftlichen Quellen, kennen, ohne dass sich ein näheres Interesse an der Person Jesu erkennen ließe. Darin spiegelt sich die Wahrnehmung Jesu und des frühen Christentums aus der «Außenperspektive» griechischer und römischer Philosophen und Historiker des 1. und 2. Jahrhunderts wider.

Indirekte Zeugnisse

Zu den Quellen über Jesus gehören auch solche Zeugnisse, die den historischen Kontext seines Wirkens und Geschicks erhellen, ohne direkt auf seine Person Bezug zu nehmen. Zu nennen sind zunächst jüdische Schriften aus der hellenistisch-römischen Zeit (3. Jh. v. Chr.–1. Jh. n. Chr.), die das Judentum der Zeit Jesu in seinen vielfältigen Facetten vor Augen führen (vgl. Kapitel 3). Des Weiteren sind archäologische, epigraphische und numismatische Zeugnisse zu nennen. Ausgrabungen seit den siebziger Jahren des 20. Jahrhunderts bezeugen, dass Galiläa zur Zeit Jesu eine jüdisch geprägte Region war, in der praktisch keine nichtjüdischen Einflüsse nachweisbar sind. Auch Sepphoris, die zeitweilige Residenz des Herrschers von Galiläa, war jüdisch geprägt, ebenso wie die spätere Hauptstadt Tiberias und Magdala am See Genezareth. In Sepphoris findet sich am oberen Forum, in prominenter Lage, ein jüdisches Wohnviertel; in Magdala wurde im Jahr 2009 eine Synagoge ausgegraben, die aus dem 1. Jahrhundert stammt. Eine weitere Synagoge aus demselben Zeitraum wurde 2016 in Tel Rekhesh, einem kleinen Landgut zwischen Nazareth und dem See Genezareth, entdeckt. Neben den in literarischen Quellen (u. a. im Neuen Testament) erwähnten Synagogen aus dem 1. Jahrhundert sind Synagogen in Galiläa damit auch archäologisch nachgewiesen.

Als weiteres archäologisches Zeugnis ist ein 1990 entdecktes, aufwändig hergestelltes Ossuar (ein Kasten zur Zweitbestattung der Knochen Verstorbener) zu nennen, auf dem sich die Aufschrift «Joseph, Sohn des Ka(ia)phas» bzw. «Joseph, Sohn des Kph» befindet. Das Ossuar stammt aus einem Jerusalemer Familiengrab, das der Familie des Hohepriesters Kaiaphas gehört haben könnte, der zur Zeit des Prozesses gegen Jesus Hohepriester war. Ein weiteres, 2011 gefundenes Ossuar könnte dies unterstützen. Es erwähnt eine «Miriam», Tochter von Jeschua, einem Sohn von Kaiaphas. Wenn es sich tatsächlich um das Grab der Familie des Kaiaphas handelt, würden sich daraus Informationen über dessen familiäre Beziehungen und seine priesterliche Herkunft ergeben.

Oben: Die Synagoge in Magdala wurde bei Grabungsarbeiten zur Errichtung eines Pilgerhotels entdeckt. Der Synagogenstein in der Mitte weist Ornamente auf, die auf den Tempel in Jerusalem verweisen. Seine Funktion ist nicht geklärt.

Mitte: Ossuar mit der Aufschrift «Joseph, Sohn des K(aia)ph(as)». Das Grab, in dem das Ossuar gefunden wurde, könnte der Familie des Kaiaphas gehört haben, der zur Zeit des Prozesses gegen Jesus Hohepriester am Jerusalemer Tempel war.

Unten: Die Gebeine eines Gekreuzigten mit Namen Yehohanan ben Hagkol wurden in einem Familiengrab im Norden Jerusalems in einem Ossuar gefunden. Es handelt sich um den einzigen Fund aus der Antike, der die Bestattung eines Gekreuzigten bezeugt.

Im Jahr 1968 wurden auf einem Friedhof in Giv'at ha-Mivtar, im Nordosten Jerusalems, in einem Ossuar die Fersenbeine eines Mannes mit Namen Yehohanan ben Hagkol entdeckt, durch die ein Nagel getrieben worden war. Wie bei Jesus, der im Grab des Josef von Arimathäa bestattet wurde, handelt es sich offenbar auch bei dem hier Bestatteten um einen Gekreuzigten. Das ist insofern bemerkenswert, als die Bestattung von Gekreuzigten eigentlich von den Römern untersagt wurde, da diese zur Abschreckung am Kreuz hängen bleiben sollten.

Im Jahr 1961 wurde in Cäsarea maritima, wo der römische Statthalter der Provinz Judäa residierte, eine Inschrift gefunden, auf der der Name «[Po]ntius Pilatus» zu lesen ist, gefolgt von der Angabe «[Praef]ect von Judaea». Die Inschrift hat vermutlich zu einem Leuchtturm gehört, der zur Zeit des Pilatus am Hafeneingang von Cäsarea errichtet worden war. Die erste Zeile der Inschrift nennt das Gebäude «Tiberieum»; es war demnach Kaiser Tiberius gewidmet. Die Inschrift bezeugt zudem, dass die korrekte Amtsbezeichnung für Pilatus «Präfekt» war, nicht das von Tacitus verwendete «Prokurator».

Schließlich ist auf das 1986 auf dem Boden des Sees Genezareth gefundene Boot hinzuweisen, das sich heute in einer eigens errichteten Ausstellungshalle im Kibbuz Kof Ginnosar befindet. Es stammt aus dem 1. Jahrhundert und besitzt eine erstaunliche Größe (die Gesamtlänge betrug ca. 10 Meter, die Breite in der Mitte ca. 3 Meter). Das Boot könnte zum Fischfang, aber auch für den Transport von Gütern über den See genutzt worden sein. Es vermittelt einen Eindruck von Booten, die zur Zeit Jesu für diese Zwecke eingesetzt wurden, und lässt sich damit für die Rekonstruktion von Erwerb und Handel im Galiläa der Zeit Jesu heranziehen.

Mit Hilfe jüdischer Schriften und archäologischer Zeugnisse lässt sich demnach der historische Kontext Jesu genauer erschließen und sein Wirken in diesen einzeichnen. Diese Quellen vermitteln zugleich einen Eindruck von der Lebenswelt Jesu und seiner frühen Anhänger.

Die in Cäsarea maritima gefundene Pilatusinschrift gehörte ursprünglich zu einem Gebäude, das Kaiser Tiberius gewidmet war und deshalb «Tiberieum» hieß (Zeile 1). Zeile 2 enthält den Namen von Pontius Pilatus, Zeile 3 seine Amtsbezeichnung «Präfekt».

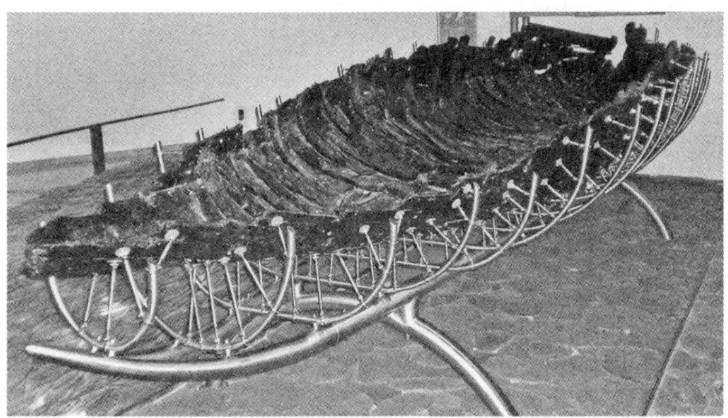

1986 wurde auf dem Boden des Sees Genezareth ein Boot aus dem 1. Jahrhundert gefunden. Es vermittelt einen Eindruck von den Booten, die zur Zeit Jesu zum Fischfang verwendet wurden.

3. Der geschichtliche Kontext

Das Judentum zur Zeit Jesu

Bereits in den Jahrhunderten vor dem Wirken Jesu hatte sich das Judentum infolge diverser historischer Entwicklungen über den gesamten Mittelmeerraum verbreitet. Damit verbunden war eine Ausdifferenzierung in verschiedene Strömungen, die sich in ihren Auffassungen über die Interpretation der Tora, das Verhältnis Israels zu anderen Völkern und deren Göttern, das Heilshandeln Gottes am Ende der Zeit und weitere Aspekte voneinander unterschieden. Diese Vielfalt wird durch zahlreiche Texte aus dem entsprechenden Zeitraum eindrücklich dokumentiert.

Eine wichtige Voraussetzung waren die Eroberungszüge Alexanders des Großen in den Jahren 334 bis 324 v. Chr., die ihn von Makedonien bis nach Indien führten. In der Folge verbreitete sich die griechische Kultur – Sprache, Dichtung, Philosophie, Architektur – über den gesamten Mittelmeerraum. Der Historiker Johann Gustav Droysen (1808–1884) hat dafür den Begriff «Hellenismus» (von Hellas = Griechenland) geprägt. Auch das Judentum war davon beeinflusst, weshalb man für den Zeitraum etwa vom dritten vorchristlichen bis zum ersten nachchristlichen Jahrhundert vom «hellenistischen» Judentum spricht.

Jüdische Schriften und die Jesusüberlieferung. Die verbindlichen Schriften des Judentums (zunächst die Tora, dann auch die Propheten und weitere Schriften) wurden in dieser Zeit ins Griechische übersetzt, viele jüdische Schriften wurden direkt auf Griechisch verfasst, wie etwa die Weisheit Salomos, die Schriften von Philo von Alexandria (ca. 15 v. Chr.–nach 42 n. Chr.) und Josephus oder das 4. Makkabäerbuch. Griechische Philosophie und Dichtung wurden in jüdischen Schriften rezipiert, etwa bei Philo, in dem jüdischen Weisheitsgedicht unter dem Namen des griechischen Dichters Phokylides oder dem in jambischen Trimetern verfassten Gedicht des sogenannten Tragikers Ezechiel.

Es entstanden aber auch weiterhin Schriften auf Hebräisch oder Aramäisch. Dies ist bei den meisten der am Toten Meer (in Qumran und an einigen weiteren Orten) gefundenen Texte der Fall, zu denen apokalyptische Schriften (etwa die Henochbücher), Geschichtsbücher (etwa das Jubiläenbuch) und Auslegungen prophetischer Schriften und Psalmen (die sogenannten Pescharim) gehören.

Das Judentum der hellenistisch-römischen Zeit war demnach in vielfältiger Weise in die kulturellen und religiösen Entwicklungen im Mittelmeerraum eingebunden. So war in der Wissenschaftsmetropole Alexandria eine kulturell und intellektuell sehr produktive jüdische Gemeinschaft mit eigener Verwaltung entstanden, in welcher die Tora ins Griechische übersetzt wurde und weitere Schriften auf Griechisch entstanden. In den meisten Städten des Mittelmeerraums gab es jüdische Gemeinden, die sich mit einem Leben in nichtjüdischer Umgebung arrangierten. Eine eigene Situation entstand dagegen in Palästina, dem Mutterland des Judentums, mit Jerusalem als dem politischen und religiösen Zentrum des weltweiten Judentums. Dort entwickelten sich Widerstände gegen die politische und kulturelle Dominanz der Griechen, später dann gegen die Herrschaft der Römer. Der Widerstand gegen die griechische Herrschaft wurde im 2. und 1. Jahrhundert v. Chr. von dem Geschlecht der Makkabäer bzw. Hasmonäer getragen, die von Judäa aus große Gebiete, darunter auch Galiläa, eroberten und dem von ihnen beherrschten Territorium eingliederten.

In Palästina entstanden etliche *apokalyptische Schriften* mit einer eigenen Deutung der Geschichte. Die ältesten von ihnen sind die Henochbücher, die vom 3. Jahrhundert v. Chr. bis zum 1. Jahrhundert n. Chr. sukzessive verfasst und zu einem Buch zusammengestellt wurden. Sie stellen die Geschichte in den Horizont der Durchsetzung von Gottes Herrschaft gegenüber den feindlichen Mächten. Das Buch Daniel enthält in den Kapiteln 7–12 Visionen, die auf die Fremdherrschaft der Seleukiden unter Antiochus IV. reagieren, der in der Nachfolge Alexanders

175–164 v. Chr. über die Region herrschte. Die Visionen schildern in mythologischer Weise den Sieg Gottes über die feindlichen Mächte und das Gericht durch einen «Menschensohn», dem von Gott die Macht übertragen wird. In der ersten Hälfte des 1. Jahrhunderts n. Chr. entstand mit der «Himmelfahrt des Mose» (auch «Testament des Mose» genannt) eine weitere Schrift, die die politischen Verhältnisse in Palästina, nunmehr unter den Römern, in den Horizont des endgültigen Sieges Gottes in der Geschichte stellt. Im 10. Kapitel dieser Schrift wird auf die Aufrichtung der Herrschaft Gottes verwiesen, die die Herrschaft des Teufels beenden und alle Traurigkeit wegnehmen wird. Damit werde eine kosmische Katastrophe einhergehen, durch die die Heiden bestraft, die Götzenbilder vernichtet werden und Israel zu Gott erhöht wird (siehe auch unten, S. 62).

Neben den apokalyptischen Schriften stehen *weisheitliche Texte*, die auf Einsichten aus der Erfahrung verweisen und Unterweisungen zu einem Leben im Glauben an Gott enthalten. Dazu zählen etwa Jesus Sirach, das Buch des «Predigers» und die Weisheit Salomos. Sie leiten zu einem gelingenden Leben an, das Gottesfurcht und Erfahrungswissen miteinander in Einklang bringt.

In der Jesusüberlieferung finden sich sowohl apokalyptische als auch weisheitliche Traditionen. Verweise auf Erfahrungswissen, aus dem man lernen soll, ist z. B. in Texten, die der Logienquelle Q zugerechnet werden, anzutreffen:

> Bittet, so wird euch gegeben werden; suchet, so werdet ihr finden; klopfet an, so wird euch aufgetan werden! ... Welcher Mensch (Vater) unter euch wird seinem Sohn einen Stein geben, wenn er ihn um Brot bittet? Oder wenn er ihn um einen Fisch bittet, gibt er ihm eine Schlange? (Oder wenn er um ein Ei bittet, wird er ihm einen Skorpion geben?) Wenn nun ihr, die ihr schlecht seid, euren Kindern gute Gaben zu geben wisst, wie viel mehr wird der Vater im Himmel denen Gutes geben, die ihn bitten! (Matthäus 7,7–11/Lukas 11,9–13)

Oder:

> Seht die Raben: Sie säen nicht und sie ernten nicht; sie haben keine Speicher und keine Scheunen, doch Gott ernährt sie. Wie viel mehr seid ihr wert als die Vögel! (Matthäus 6,26/Lukas 12,24)

In den beiden weisheitlichen Mahnungen geht es darum, das Vertrauen vollständig auf Gott zu setzen, der für die Seinen sorgen wird. Die Menschen sollen alles daransetzen, in die im Wirken Jesu anbrechende Gottesherrschaft hineinzugelangen und den Zeitpunkt nicht zu verpassen, nach dem es zu spät wäre. In dieser Perspektive kann auch auf das Gericht Gottes verwiesen werden, das über die kommt, die sich der Einladung Jesu verschließen. So heißt es z. B.:

> Jeder, der sich zu mir bekennt vor den Menschen, zu dem wird sich auch der Menschensohn bekennen vor den Engeln Gottes. Wer mich aber verleugnet vor den Menschen, der wird verleugnet werden vor den Engeln Gottes (Matthäus 10,32–33/Lukas 12,8–9).

In einer drastischeren Gerichtsdrohung Jesu heißt es:

> Wehe dir, Chorazin! Wehe dir, Bethsaida! Denn wenn in Tyrus und Sidon die Machttaten geschehen wären, die bei euch geschehen sind, würden sie längst in Sack und Asche sitzen und umkehren. Doch Tyrus und Sidon wird es erträglicher im Gericht ergehen als euch. Und du, Kapernaum – zum Himmel wirst du erhöht werden? Du wirst in den Hades hinabgeworfen werden! (Matthäus 11,21–23/Lukas 10,13–15)

Die dynamische Verbindung weisheitlicher und apokalyptischer Aspekte in der Verkündigung Jesu bringt einerseits zum Ausdruck, dass die anbrechende Gottesherrschaft ein jetzt notwendiges Handeln erfordert, andererseits, dass sie im Horizont ihrer Vollendung durch das zukünftige Gericht steht.

Des Weiteren haben sich Diskussionen über die Einhaltung der Tora im zeitgenössischen Judentum in der Jesusüberlieferung niedergeschlagen. So existierte hinsichtlich der Sabbatpraxis auf der einen Seite eine strenge Auffassung, die jegliches Tun am Sabbat untersagte. Diese ist etwa im Jubiläenbuch bezeugt, welches das Gehen eines Weges, das Anzünden eines Feuers, das Bepacken eines Tieres, Reisen und Kriegführen mit der Todesstrafe belegt (50,12–13). Vergleichbar ist die Sicht in der u.a. in Qumran bezeugten Damaskusschrift. Hier wird untersagt, am Sabbat etwas anderes zu essen als das, was bereits zuvor vorbereitet wurde. Ein Fremder soll nicht beauftragt werden, einen Wunsch am Sabbat auszuführen, einem Tier und nicht einmal einem Menschen soll geholfen werden, wenn sie in eine Grube fallen (CD-A 10,14–11,23). Diese strenge Sabbatpraxis wurde Josephus zufolge auch von den Essenern befolgt (Jüdischer Krieg 2,147). Ihr steht diejenige Auffassung gegenüber, die Kriegführen und Selbstverteidigung am Sabbat erlaubt. Dem 1. Makkabäerbuch zufolge beschlossen Mattathias, der Anführer der Makkabäer, und die Seinen, sich auch am Sabbat zu verteidigen, um nicht wie ihre Brüder umzukommen, die am Sabbat überfallen und getötet wurden (2,31–41; vgl. Josephus, Altertümer 12,274–278).

Die Dispute über den Sabbat in der Jesusüberlieferung lassen sich in diesem Kontext interpretieren. Hierfür ein Beispiel:

> Und es geschah, als er an einem Sabbat in das Haus eines führenden Pharisäers zum Essen kam, dass man ihn sehr genau beobachtete. Und siehe, da stand ein wassersüchtiger Mensch vor ihm. Und Jesus sagte zu den Gesetzeslehrern und Pharisäern: «Ist es erlaubt, am Sabbat zu heilen oder nicht?» Sie aber schwiegen. Da fasste er ihn an, heilte ihn und schickte ihn weg. Und zu ihnen sagte er: «Wer von euch, dem der Sohn oder der Ochse in einen Brunnen fällt, wird ihn nicht sogleich herausziehen, auch an einem Sabbat?» Und sie konnten darauf nichts entgegnen (Lukas 14,1–6).

Die Episode gibt einen Einblick in verschiedene Auffassungen über die Sabbateinhaltung zur Zeit Jesu. Die rhetorische Frage Jesu ist dabei weniger selbstverständlich, als es erscheint, denn es gab durchaus die Auffassung, dass Hilfeleistungen am Sabbat untersagt seien (s.o). Ein vergleichbarer Disput über das am Sabbat Erlaubte findet sich in Lukas 13,10–17. Jesus kontert die Kritik eines Synagogenvorstehers, dass er eine verkrümmte Frau ausgerechnet am Sabbat geheilt habe, mit einer Gegenkritik:

> Ihr Heuchler! Bindet nicht jeder von euch am Sabbat seinen Ochsen oder Esel von der Futterkrippe und führt ihn zur Tränke? Diese aber, eine Tochter Abrahams, die der Satan schon achtzehn Jahre gebunden hat – musste sie nicht von dieser Fessel gelöst werden am Sabbattag? (13,15–16)

Auch hier beteiligt sich Jesus an der Diskussion darüber, was am Sabbat erlaubt ist. Seine rhetorische Frage ist wiederum kein zwingendes Argument, denn das Füttern und Tränken von Tieren konnte durchaus zu den am Sabbat untersagten Tätigkeiten gerechnet werden. Das Spezifikum der Haltung Jesu in diesen Episoden ist vielmehr, dass er die Heilungen, die keine Rettungen aus lebensbedrohlichen Situationen sind, aber den betroffenen Menschen Gottes Heil vermitteln, auch und gerade am Sabbat für geboten erklärt. Damit wird ein Zug in der Haltung Jesu zur Tora erkennbar, auf den später zurückzukommen ist (siehe unten, S. 80–85).

Jüdische Gruppierungen. Für das Judentum der Zeit und Region Jesu sind des Weiteren die Gruppen zu nennen, die sich seit der makkabäischen Zeit herausgebildet hatten. Im Neuen Testament erscheinen die Pharisäer und die Sadduzäer als Kontrahenten Jesu, auch Schriftgelehrte werden häufiger genannt. Bei den Letzteren handelt es sich um Leute, die in der Auslegung der jüdischen Schriften bewandert waren und zu einer der anderen Gruppen gehören konnten.

Die Pharisäer treten oftmals in Kontroversen über die Auslegung der Tora auf, etwa über die Sabbateinhaltung oder die Reinheitsgebote. Die Sadduzäer begegnen dagegen hauptsächlich in Jerusalem, wo sie Jesus in Dispute über politische und religiöse Fragen verwickeln. Darüber hinaus werden diese Gruppen in den Evangelien nicht genauer charakterisiert. Nähere Informationen erhält man dagegen vor allem bei Josephus, der in mehreren Passagen seiner beiden Werke «Der Jüdische Krieg» und «Jüdische Altertümer» auf sie zu sprechen kommt und sie auch in seiner Autobiographie erwähnt (Vita, 9–12). Von besonderer Bedeutung sind die sogenannten Gruppenreferate, in denen die jüdischen Gruppierungen näher charakterisiert werden (Jüdischer Krieg 2,118–166; Jüdische Altertümer 13,171–173; 297–298; 18,11–22). Josephus nennt dabei die drei Gruppen der Pharisäer, Sadduzäer und Essener. Darüber hinaus erwähnt er eine vierte Schule, die von Judas aus Gamla in der Gaulanitis (was Josephus zu Galiläa rechnet) gegründet wurde (Jüdischer Krieg 2,117; Altertümer 18,23). Dieser Judas sei gegen die Steuerschätzung des Quirinius (also um das Jahr 6 n. Chr.) aufgetreten und habe die Juden zum Widerstand angestiftet. Auf die von Judas gegründete Bewegung kommt Josephus dann allerdings erst wieder im Zusammenhang des Jüdischen Krieges zu sprechen. Die Essener werden zusätzlich bei Philo und Plinius dem Älteren (23/24–79 n. Chr.) erwähnt, die Pharisäer kommen indirekt auch in Qumranschriften vor, Pharisäer und Sadduzäer werden zudem in rabbinischen Texten genannt.

Josephus hat ein Interesse daran, insbesondere die Pharisäer und die von Judas gegründete Schule in ein schlechtes Licht zu rücken. Bei den Pharisäern kritisiert er den Einfluss, den sie in hasmonäischer Zeit auf die jüdische Politik ausübten, den Anhängern des Judas wirft er vor, sie würden zu gewaltsamem Widerstand gegen die Römer aufrufen und dadurch das jüdische Volk ins Unglück stürzen. Darin wird die politische Haltung des Josephus deutlich, der während des jüdisch-römischen Krieges zu den Römern übergelaufen war und die Entwicklungen, die zum Krieg geführt hatten, vor diesem Hintergrund in negativer Weise schildert.

Josephus charakterisiert die jüdischen Gruppen zudem in Analogie zu griechischen Philosophenschulen: Die Pharisäer vergleicht er mit den Stoikern (Vita 12), die Essener mit den Pythagoreern (Jüdische Altertümer 15,371), die Sadduzäer rückt er in die Nähe der Epikureer. Auf diese Weise will er die Gruppierungen seiner nichtjüdischen Leserschaft näherbringen. Auch die anderen Quellen, einschließlich des Neuen Testaments, charakterisieren die jüdischen Gruppen aus eigener Perspektive und mit je eigenen Interessen. Gleichwohl lassen sich bei kritischer Auswertung der Quellen einige Grundzüge aller genannten Gruppen erkennen.

Die *Pharisäer* (woher der Name stammt und was er bedeutet,

ist unklar) sind die älteste der genannten Gruppen. Sie haben sich in hasmonäischer Zeit (im 2. Jh. v. Chr.) als eine Richtung formiert, die auf die Einhaltung der Tora, auch und gerade im alltäglichen Leben, konzentriert war. Sie übten im jüdischen Volk einen großen Einfluss aus und bemühten sich, auch die politischen Entwicklungen in hasmonäischer und herodianischer Zeit in ihrem Sinn zu lenken. Für die Auslegung der Tora formulierten sie mündlich tradierte Regeln, die sie als dem schriftlich fixierten Gesetz gleichwertig erachteten. Im Unterschied zu den Sadduzäern glaubten sie an die Auferstehung der Toten, was sich im Neuen Testament in Markus 12,18 und Apostelgeschichte 23,6–9 niedergeschlagen hat.

Die *Sadduzäer* waren eine auf Jerusalem und den Tempel konzentrierte Gruppe, die sich auf Zadok zurückführte, einen Priester aus davidisch-salomonischer Zeit (vgl. 2. Samuel 8,17). Sie waren Teil der Jerusalemer Tempelaristokratie und standen in Opposition zu den Pharisäern. Anders als diese hielten sie nur die schriftliche Tora für verbindlich und lehnten die Lehre von der Auferstehung der Toten ab. Nach ihrer Auffassung waren die Herstellung von Gerechtigkeit und die Strafe für gottloses Handeln auf das irdische Leben beschränkt.

Den *Essenern* widmet Josephus besondere Aufmerksamkeit. Sie werden als Gemeinschaft mit einem strengen Ethos charakterisiert, die in Gütergemeinschaft lebt, Ehe und Besitz verachtet und die jüdischen Gesetze strikt einhält. Allerdings kennt Josephus auch eine Richtung der Essener, die die Ehe als geeignete Lebensform praktiziert (Jüdischer Krieg, 2,160–161). In der Qumransiedlung haben offenbar verschiedene Gruppen von Essenern, entweder nacheinander oder gleichzeitig, gelebt. Darauf verweisen Qumranschriften, die das Leben der Gemeinschaft(en) entweder als strenge, asketisch lebende oder als weniger strenge, die Ehe praktizierende Gruppe schildern. Auf Essener in Qumran verweist zudem eine Notiz bei Plinius dem Älteren, der sie in der Nähe von En-Gedi und der Festung Masada lokalisiert und als enthaltsam lebende Gruppe beschreibt (Naturgeschichte 5,73). Essener haben aber nicht nur in Qumran gelebt, sondern waren über das ganze Land verstreut (Josephus, Jüdischer Krieg 2,124). Im Neuen Testament werden sie nicht erwähnt. Offenbar haben weder Jesus noch seine Nachfolger Kontakt mit dieser Gruppe gehabt.

Die von Josephus genannte *vierte Schule* zeichnet sich dadurch aus, dass sie nur Gott als Herrn und König anerkennt und für diese Überzeugung zu kämpfen und zu sterben bereit ist. Josephus nennt sie allerdings nicht «Zeloten». Auf diese kommt er vielmehr erst im Zusammenhang des jüdisch-römischen Krieges zu sprechen. Wenn unter den Anhängern Jesu ein «Simon, der Zelot» genannt wird (Lukas 6,15; Apostelgeschichte 1,13), ist darunter ein «Eiferer» für das jüdische Gesetz zu verstehen, wie sich auch Paulus selbst charakterisiert (Galater 1,14). Die Tradition des «Eifers» für Gott geht auf den in 4. Mose 25,6–13 erwähnten Pinehas zurück, der in seinem «Eifer» für Gott einen Israeliten und dessen nichtisraelitische Frau tötete, weil er diese Verbindung als Verrat am Bund Gottes mit seinem Volk betrachtete. Diese Tradition, in Verbindung mit Pinehas, wird in jüdischen Texten gelegentlich erwähnt. Des Weiteren nennt Josephus die «Sikarier» (von lateinisch *sica* = Dolch). Dabei handelt es sich um eine radikale Gruppe jüdischer Freiheitskämpfer, die einen Dolch unter dem Gewand trugen und damit Attentate verübten. Die lateinische Bezeichnung weist darauf hin, dass diese Gruppe von den Römern als Gewaltverbrecher betrachtet wurde.

Die in den Evangelien geschilderten Kontroversen Jesu mit den Pharisäern und Sadduzäern lassen sich mit den Darstellungen in anderen Quellen in Verbindung bringen. Allerdings werden die Konflikte Jesu mit diesen Gruppen aus späterer Perspektive erzählt. Nachdem Jerusalem und der Tempel im Jahr 70 von den Römern zerstört worden waren, verloren die jüdischen Gruppen an Einfluss und lösten sich schließlich auf. Die Pharisäer haben offenbar noch eine Zeitlang nach der Tempelzerstörung existiert und sind schließlich im sich neu formierenden rabbinischen Judentum aufgegangen. Die Sadduzäer haben dagegen nach der Tempelzerstörung keine Rolle mehr gespielt, ebenso wie von den Essenern und den Zeloten nichts mehr verlautet.

Die rückblickende Perspektive der Evangelien zeigt sich z. B.

daran, dass Pharisäer und Sadduzäer gelegentlich gemeinsam genannt (Matthäus 3,7; 16,1.6.11) und spätere Situationen in die Zeit Jesu zurückprojiziert werden. Bei Matthäus erscheinen die Pharisäer als die Hauptgegner Jesu, gegen die er scharfe Attacken formuliert (vor allem in Matthäus 23). Zugleich sind sie diejenigen, deren Gesetzeseinhaltung von den Nachfolgern Jesu übertroffen werden soll (Matthäus 5,20). Offenbar haben die Pharisäer in der Region, in der die Adressaten des Matthäusevangeliums lebten, eine führende Position eingenommen. Eine wichtige Rolle spielen sie auch im Johannesevangelium, wo sie als die offiziellen Repräsentanten des Judentums erscheinen. Die Sadduzäer sind dagegen häufig in Kontroversen mit Jesus in Jerusalem anzutreffen. Das Bild dieser Gruppen in den Evangelien ist dabei davon bestimmt, sie als Gegner Jesu zu charakterisieren und sie in einem negativen Licht erscheinen zu lassen.

Galiläa, eine jüdisch geprägte Region

Jesus stammt aus Nazareth in Galiläa. Im Matthäus- und im Lukasevangelium wird seine Geburt nach Bethlehem verlegt, um ihn als den verheißenen Nachkommen aus dem Geschlecht Davids zu charakterisieren, der nach jüdischer Überzeugung aus Bethlehem kommen soll (vgl. das in Matthäus 2,5 zitierte Wort aus Micha 5,1 sowie 1. Samuel 16,1–13; 20,6). Dabei handelt es sich um eine nachträgliche Historisierung der Überzeugung, dass Jesus als der Gesalbte Gottes auch ein Nachkomme Davids sein müsse.

Der älteste Beleg für die Davidsohnschaft Jesu findet sich bei Paulus am Beginn des Römerbriefes. Dort wird Jesus als «aus dem Geschlecht Davids, der irdischen Abstammung nach» bezeichnet (1,3). Historisch betrachtet ist eine davidische Herkunft Jesu dagegen unwahrscheinlich. Das geht nicht zuletzt daraus hervor, dass das Wirken Jesu in Galiläa beginnt und sich dort zu einem wesentlichen Teil abspielt. Bei Matthäus und Lukas heißt Jesus, wie auch bei Markus und Johannes, «Nazarener» (Markus 1,24; 10,47; Matthäus 2,23; 26,71; Lukas 18,37; Johannes 18,5.7; 19,19). Nach dem Markusevangelium kommt

Jesus aus Nazareth zu Johannes dem Täufer an den Jordan und kehrt dann wieder nach Galiläa zurück (1,9.14–15). Bei Johannes wird Jesus ausdrücklich als «Sohn Josephs, aus Nazareth» bezeichnet, woraufhin Natanaël die kritische Frage stellt, ob denn aus Nazareth etwas Gutes kommen könne (1,45–46). Die Herkunft Jesu aus Galiläa wird ausdrücklich als Argument dafür genannt, dass er nicht der Gesalbte aus dem Geschlecht Davids sein könne, da dieser aus Bethlehem kommen müsse (Johannes 7,42). Bei Matthäus wird sogar von einem Umzug Jesu und seiner Eltern von Judäa nach Nazareth in Galiläa berichtet (Matthäus 2,22 f.). Bei Lukas wohnen Josef und Maria dagegen in Nazareth und ziehen aufgrund des Zensus des Quirinius nach Bethlehem, um sich dort registrieren zu lassen; anschließend gehen sie wieder nach Nazareth zurück (Lukas 2,1–5.39). Weitere Erzählzüge der Geburtsgeschichten wie die Erwähnung der Jungfrauengeburt, ein angeblich von Kaiser Augustus angeordneter reichsweiter Zensus (tatsächlich dürfte es sich um einen Lokalzensus in Judäa nach dem Antritt des Statthalters Quirinius gehandelt haben) sowie das Kommen von Magiern aus dem Osten, um den König der Juden anzubeten, verstärken den Eindruck, dass die Kindheitsgeschichten keine historischen Erzählungen sind, sondern die Geburt Jesu durch legendarische Episoden theologisch deuten.

Herrschaftsverhältnisse. Galiläa ist demnach diejenige Region, in der Jesus geboren und aufgewachsen ist und in der sich auch wesentliche Teile seines öffentlichen Wirkens zugetragen haben. Für die Geschichte Galiläas ist von Bedeutung, dass es im Zuge der jüdischen Eroberungen durch die Makkabäer bzw. Hasmonäer am Ende des 2. Jahrhunderts v. Chr. dem jüdischen Herrschaftsgebiet eingegliedert und jüdisch besiedelt wurde. Die große Anzahl jüdischer Siedlungen, die im 1. Jahrhundert v. Chr. neu entstanden, zeigt, dass Galiläa in dieser Zeit die für das Wirken Jesu maßgebliche Prägung erhielt. Die Herrschaft der Hasmonäer wurde durch den römischen Feldherrn Pompeius beendet, der die Region im Jahr 63 v. Chr. eroberte. Seit dem Jahr 40 v. Chr. wurde das gesamte Gebiet (Idumäa, Judäa, Samaria,

Galiläa, die Gaulanitis, die Dekapolis sowie Peräa) Herodes dem Großen unterstellt. Dieser konnte seinen Herrschaftsanspruch allerdings erst etwas später mit Hilfe römischer Truppen durchsetzen. Er regierte von 37 bis zu seinem Tod 4 v. Chr. als «König» über das ihm von den Römern zugewiesene Terrain. Dieser «König Herodes» wird in Matthäus 2,1 und Lukas 1,5 erwähnt. Nach Matthäus wurde zu seiner Regierungszeit Jesus geboren, nach Lukas geschahen zu seiner Zeit die Ankündigungen der Geburten von Johannes und Jesus sowie die Geburt des Johannes, wogegen Jesus erst etwa zehn Jahre später, zur Zeit des Zensus des Quirinius, geboren wurde (Lukas 2,1–3). Die christliche Zeitrechnung weicht demnach von dem historischen Befund um einige Jahre nach vorn oder hinten ab.

Die Herrschaft des Herodes war von einer enormen Bautätigkeit geprägt. Er gründete die Küstenstadt Cäsarea (benannt nach Kaiser Augustus) anstelle einer älteren Siedlung als seine Residenz und ließ sie mit Palast, Theater, Hippodrom, Hafen und Aquädukt prächtig ausbauen. Die wohl bedeutendste Baumaßnahme betraf den Jerusalemer Tempel, den Herodes grundlegend erneuern und erweitern ließ. Die heutigen Ausmaße des Tempelareals gehen auf diese Umbauten zurück. An der Westmauer sind in den unteren Reihen bis heute die mächtigen Steinquader aus herodianischer Zeit zu sehen. Herodes baute zudem in der judäischen Wüste, etwa 12 Kilometer südlich von Jerusalem, eine Festung (Herodeion), in der sich auch sein Grab befindet. An weiteren Bauten sind drei Paläste in Jericho sowie Festungen in der judäischen Wüste zu nennen, darunter der Ausbau von Masada.

Die Herrschaft des Herodes war aber auch durch seine große Grausamkeit gekennzeichnet. Er ließ etliche Familienmitglieder und andere Personen, die er für Gegner hielt, umbringen und regierte mit großer Härte. Die bei Matthäus erzählte Geschichte von der Ermordung der jüdischen Knaben in Bethlehem und Umgebung, um den «neugeborenen König der Juden» zu töten (Matthäus 2,16–18), gibt, unabhängig von ihrem historischen Gehalt, einen Eindruck davon, wie die Herrschaft des Herodes wahrgenommen wurde.

Palästina zur Zeit der Makkabäer
Judäa in der Zeit von Judas Makkabäus
Eroberungen von Jonathan
Eroberungen von Simeon
Eroberungen von Johannes Hyrkanos I.
Mögliche Eroberungen von Johannes Hyrkanos I.
Eroberungen von Aristobulos
Eroberungen von Alexander Jannäus
Sidon
PHÖNIZIEN
SYRIEN
Tyrus
GAULANITIS
(Superior)
Ptolemaïs
GALILÄA
(Inferior)
See Genezareth
Tiberias
Nazareth
Gadara
Dor
TRANS-JORDANIEN
Cäsarea
Jordan
Pella
Mittelmeer
SAMARIA
GALAAD
Apolonia
Samaria
Sichem
Jabbok
N
S
AMMON
Joppe
PERÄA
Gazara
Philadelphia
Jamnia
JUDÄA
Jericho
Jerusalem
Medeba
Askalon
Bethlehem
PARALIA
MOAB
Gaza
Hebron
Arnon
Totes Meer
IDUMÄA
Rafah
Beerscheba
0 10 20 30km
NABATÄER
Wüste Negev

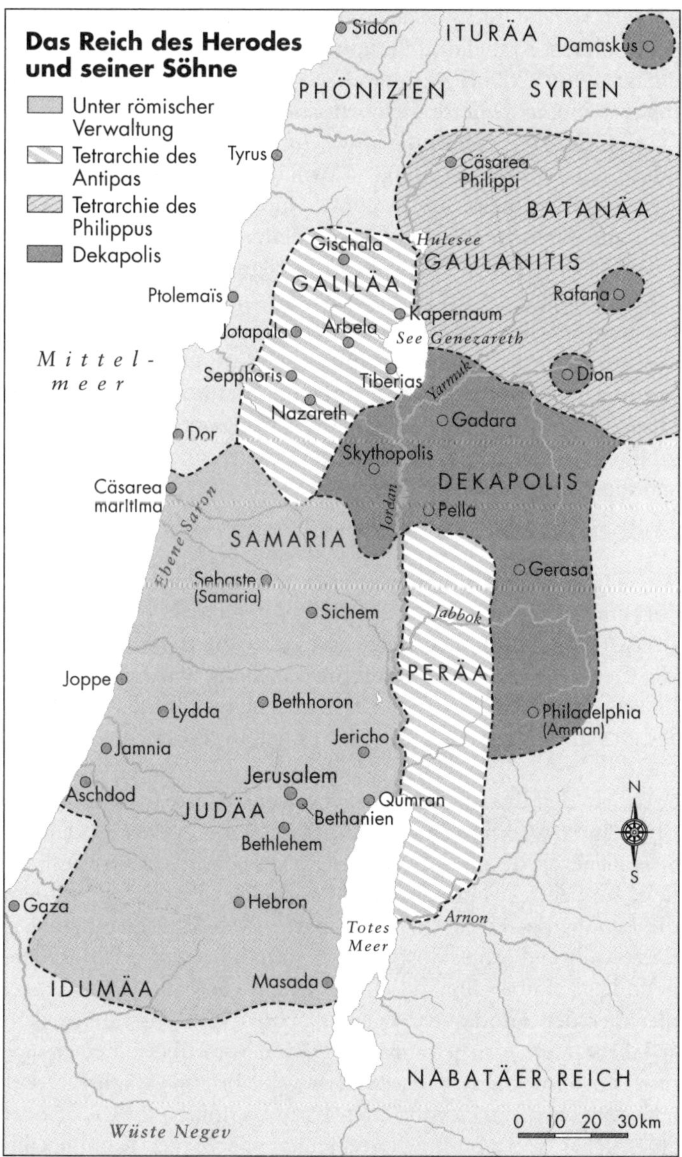
Das Reich des Herodes und seiner Söhne
Unter römischer Verwaltung
Tetrarchie des Antipas
Tetrarchie des Philippus
Dekapolis
Sidon
ITURÄA
Damaskus
PHÖNIZIEN
SYRIEN
Tyrus
Cäsarea Philippi
BATANÄA
Hulesee
Gischala
GAULANITIS
GALILÄA
Rafana
Ptolemaïs
Kapernaum
Jotapala
Arbela
See Genezareth
Mittelmeer
Sepphoris
Tiberias
Dion
Yarmuk
Nazareth
Gadara
Dor
Skythopolis
Cäsarea maritima
DEKAPOLIS
Pella
Ebene Saron
Jordan
SAMARIA
Gerasa
Sebaste (Samaria)
Sichem
Jabbok
Joppe
PERÄA
Lydda
Bethhoron
Philadelphia (Amman)
Jericho
Jamnia
Jerusalem
Aschdod
Qumran
JUDÄA
Bethanien
Bethlehem
N
S
Gaza
Hebron
Arnon
Totes Meer
IDUMÄA
Masada
NABATÄER REICH
0 10 20 30km
Wüste Negev

Nach seinem Tod wurde das Reich des Herodes unter seinen drei Söhnen Archelaus, Philippus und Antipas aufgeteilt. Archelaus wurde dabei «Ethnarch» von Judäa, Samaria und Idumäa. Philippus regierte die nordöstlich an Galiläa angrenzende Gaulanitis, die Trachonitis sowie Ituräa. Antipas herrschte als «Tetrarch» («Vierfürst», vgl. Matthäus 14,1; Lukas 3,19; 9,7; Apostelgeschichte 13,1; Josephus, Jüdischer Krieg 1,664.668; Jüdische Altertümer 17,188) über Galiläa und das davon geographisch getrennte Peräa im Ostjordanland. In den synoptischen Evangelien wird Herodes Antipas im Zusammenhang der Enthauptung Johannes' des Täufers genannt. Die bei Josephus ausführlicher geschilderten Hintergründe sind dabei allerdings nur ungenau angedeutet (siehe oben, S. 24 f.). Ansonsten taucht Herodes Antipas in der Warnung von Pharisäern an Jesus auf, er wolle ihn töten lassen (Lukas 13,31), sowie bei Lukas im Zusammenhang der Passionsereignisse (Lukas 23,7–12).

Archelaus wurde bereits nach zehn Jahren Amtszeit aufgrund von Beschwerden über seine grausame Regierung bei Kaiser Augustus verklagt und abgesetzt. Sein Herrschaftsgebiet wurde daraufhin einem römischen Statthalter unterstellt, der in Cäsarea residierte und zu hohen jüdischen Festen nach Jerusalem kam. Zur Zeit des Prozesses gegen Jesus war dieser Statthalter Pontius Pilatus, der von 26 bis 36 regierte und sich während des Prozesses, der in die Zeit eines Passafestes fiel, in Jerusalem aufhielt.

Orte. In den Evangelien treten nur wenige Orte Galiläas in den Blick. In erster Linie ist dies Kapernaum am Nordwestufer des Sees Genezareth. Hierbei scheint es sich um einen Ort zu handeln, an den Jesus immer wieder zurückgekehrt ist und in dem die Familie des Petrus ein Haus hatte, in dem Jesus möglicherweise während seiner dortigen Aufenthalte gewohnt hat. Heute befindet sich über dem «Haus des Petrus» eine moderne Kirche, die über den Fundamenten einer achteckigen Kirche aus dem 5. Jahrhundert erbaut wurde, die wiederum über einem Komplex mit einfachen Häusern steht, die bis ins 1. Jahrhundert zurückreichen. Eines von ihnen wurde schon zu dieser Zeit als christlicher Versammlungsort benutzt, bevor der Komplex im

4. Jahrhundert zu einer Hauskirche umgebaut wurde. Ob es sich dabei tatsächlich um das «Haus des Petrus» handelt, lässt sich nicht mehr feststellen. Unabhängig davon ist Kapernaum in den synoptischen Evangelien der zentrale Aufenthaltsort Jesu in Galiläa. Es handelt sich dabei um ein Dorf mit etwa 600 bis 1000 Einwohnern, zu dem eine Synagoge gehörte. An deren Stelle wurde im 5. Jahrhundert eine deutlich größere, prachtvolle Synagoge gebaut, deren Überreste heute noch zu sehen sind. Der Ort bestand ansonsten aus Wohnkomplexen *(insulae)* mit mehreren um einen gemeinsamen Innenhof gebauten Einraumhäusern. Darin dürften vor allem Fischer, Landarbeiter und Handwerker gewohnt haben. Villen oder größere Wohnhäuser gab es offenbar nicht. Die Bebauung verweist demnach auf eine sozial homogene Bevölkerung.

Das wirft auch Licht auf die von Jesus in die Nachfolge berufenen Jünger. Den Evangelien zufolge handelt es sich bei den zuerst Berufenen um Fischer vom See Genezareth (Markus 1,16–20). Fischerei war ein Gewerbe, für das man eine Ausrüstung und entsprechende Kenntnisse brauchte. Vermutlich konnte man damit den Unterhalt einer Familie verdienen, nicht zuletzt, weil Fisch zu den Exportgütern Galiläas gehörte. Zebedäus, der Vater von Jakobus und Johannes, scheint ein eigenes Boot besessen und Tagelöhner beschäftigt zu haben (Markus 1,19; bei den zuvor genannten Simon und Andreas wird nur erwähnt, dass sie Netze im See auswarfen). Die ersten Jünger Jesu gehörten demnach zur durchschnittlichen Bevölkerung eines kleinen galiläischen Ortes und haben am See Genezareth mit Fischerei ihren Lebensunterhalt verdient.

Weitere in den Evangelien genannte Orte sind Chorazin, Bethsaïda (die Lage dieses Ortes ist in der aktuellen archäologischen Forschung umstritten) sowie Magdala, das in der Bezeichnung Marias als «Magdalenerin» begegnet (z. B. Markus 15,40.47; 16,1; Lukas 8,2; Johannes 20,1.18). Alle diese Orte liegen entweder unmittelbar am See Genezareth oder in seiner näheren Umgebung. Die Gegend um den See scheint demnach das Kerngebiet des Wirkens Jesu gewesen zu sein, auch wenn er selbst nicht von dort, sondern aus Nazareth stammte. Genannt werden weiter die nicht sicher zu lokalisierenden Orte Dalmanutha, Naïn und Kana. Sie bilden den geographischen Kontext von Ereignissen des Wirkens Jesu, werden aber selbst nicht näher beschrieben.

Wirtschaft und Gesellschaft. Ausführlichere Beschreibungen Galiläas, etwa Darstellungen der geographischen Gegebenheiten oder von Flora und Fauna, finden sich in den Evangelien nicht. Politische, soziale und ökonomische Verhältnisse lassen sich dagegen den Schilderungen von Jesu Wirken indirekt entnehmen. Mitunter treten Zolleinnehmer («Zöllner») in Erscheinung. Diese trieben im Auftrag von Herodes Antipas Steuern ein, die dieser wiederum an die Römer abführen musste, von denen er das Land gepachtet hatte. Der Dienst für den Landesherrn und das Römische Reich war in der jüdischen Bevölkerung verachtet. Dass die «Zöllner» gelegentlich gemeinsam mit «Sündern» genannt werden (Markus 2,15/Matthäus 9,10/Lukas 5,30; Matthäus 11,19/Lukas 7,34; Lukas 15,1), weist auf ihren schlechten Ruf hin. Sie wurden dennoch – oder gerade deshalb – von Jesus zum gemeinsamen Essen eingeladen oder sogar zur Nachfolge aufgefordert. Die Entrüstung darüber, dass sich Jesus ausgerechnet mit solchen Personen einlässt, ist angesichts der Tätigkeit der Zöllner durchaus verständlich.

Soziale und ökonomische Bedingungen lassen sich den Gleichnissen Jesu entnehmen. Häufiger werden landwirtschaftliche Themen wie Saat, Wachstum und Ernte als Bilder für das Gottesreich verwendet. Auch Besitzer von Landgütern und Weinbergen, Verwalter, Arbeiter und Tagelöhner sowie Abhängigkeits- und Schuldverhältnisse treten in den Blick. Darin spiegelt sich die Lebenswelt Galiläas wider, die von Dörfern und ländlichen Gegenden geprägt war. Städtisches Milieu wird dagegen in der Erwähnung von Marktplätzen, Gerichten oder Gefängnissen erkennbar. Das kann allerdings auch auf die Lebenswelt der Verfasser der Evangelien hindeuten.

Anders als die Evangelien geht Josephus mehrfach auf Landschaft und Bevölkerung Galiläas ein. Er beschreibt Galiläa als eine fruchtbare Region, reich an Viehweiden und Bäumen jeder

Münze, die Herodes Antipas anlässlich der Gründung von Tiberias (ca. 19 n. Chr.) prägen ließ. Auf der Vorderseite ist der Name «Tiberias» zu erkennen. Vorder- und Rückseite weisen florale Motive auf. Antipas verzichtete darauf, Herrscherbilder oder religiöse Symbole auf die Münzen prägen zu lassen.

Art, mit kriegerischen, mutigen Menschen sowie zahlreichen Städten und Dörfern, in denen mehrere Tausend Menschen wohnen würden (Jüdischer Krieg 3,41–43). Letzteres ist eine grobe Übertreibung, die Fruchtbarkeit Galiläas ist dagegen eine zutreffende Charakterisierung. Die Gegend am See Genezareth beschreibt Josephus an späterer Stelle noch einmal (Jüdischer Krieg 3,516–520). Dort erwähnt er zahlreiche Pflanzen und Früchte (Palmen, Feigen- und Ölbäume, Weintrauben), die in Galiläa wachsen würden, und das ausgeglichene Klima, das in der Region herrschen würde.

Die bereits erwähnte jüdische Prägung Galiläas wird dadurch bestätigt, dass die in der Regierungszeit des Antipas geprägten fünf Münzserien, anders als etwa diejenigen aus den umliegenden Gebieten, keine Bildnisse des Kaisers aufweisen, ebenso wenig wie Abbildungen heidnischer Gottheiten oder Tempel. Daraus lässt sich schließen, dass Antipas den jüdischen Charakter der von ihm regierten Region respektierte. Die Episode, in der Jesus auf das Bild des Kaisers auf einer Münze verweist (Markus 12,16–17 mit Parallelen), spielt dementsprechend nicht in Galiläa, sondern in dem von einem römischen Statthalter regierten Judäa.

Antipas bemühte sich um einen wirtschaftlichen Aufschwung Galiläas. Das im Zuge der Wirren nach dem Tod seines Vaters

Herodes von den Römern zerstörte Sepphoris ließ er wieder aufbauen. Die Stadt wurde im römischen Stil, mit rechtwinkligem Straßensystem (*cardo* und *decumanus*) sowie einem unteren und einem oberen Forum, angelegt. Möglicherweise ist auch das Theater von Sepphoris zur Zeit des Antipas gebaut worden (es könnte allerdings auch aus etwas späterer Zeit stammen). Antipas machte die Stadt zu seiner Residenz und nannte sie «Autokratoris», ein Name, der sich allerdings nicht durchsetzte.

Etwa im Jahr 19 verlegte Antipas seine Residenz von Sepphoris nach Tiberias. Die nach dem römischen Kaiser Tiberius benannte Stadt wurde am Westufer des Sees Genezareth neu gegründet. Josephus zufolge wurden für den Bau der Stadt zahlreiche jüdische Gräber entfernt, weshalb sie als unrein galt und Juden sich weigerten, in die Stadt zu ziehen. Antipas nahm deshalb Zwangsansiedlungen vor, um die Stadt zu bevölkern (Jüdische Altertümer 18,36–38). Tiberias wurde neben Sepphoris zu einer weiteren Stadt *(polis)* Galiläas, mit Forum, Palast, Theater, Stadion und Hippodrom sowie einem mächtigen Eingangstor an der Südseite. Zu Ehren der Stadtgründung ließ Antipas seine erste Münzserie prägen, auf deren Vorderseite der Name der Stadt genannt wird, auf der Rückseite «Tetrarch Herodes», jeweils ergänzt durch ein florales Motiv (Schilf bzw. Palmzweig). Der Charakter von Tiberias als *polis* wird auch durch seine Verwaltung dokumentiert, die aus einem Rat der Stadt *(boulê)*, einem Vorsteher *(archôn)* und einem Marktaufseher *(agoranomos)* bestand.

Neben Sepphoris und Tiberias ist Magdala, wie Tiberias direkt am See Genezareth gelegen (ca. 6 km nördlich von Tiberias), ein dritter wichtiger Ort in Galiläa. Magdala war eine hasmonäische Gründung und für die Hasmonäer offenbar der Hauptort in Galiläa. Bei der archäologischen Erschließung des Ortes wurden neben der bereits genannten Synagoge ein römisches Straßensystem, ein Badekomplex, Villen für wohlhabendere Einwohner sowie ein großer Hafen freigelegt, der offenbar dem Transport von Waren über den See diente. Damit fällt zugleich Licht auf Galiläa als wichtige Handels- und Wirtschaftsregion. Das wird auch daran deutlich, dass durch Galiläa Handelsstraßen verliefen, deren eine die am Mittelmeer verlaufende Küstenstraße (die sogenannte *Via Maris*) mit der «Königsstraße» im Osten verband. Diese Straße verlief streckenweise direkt am Westufer des Sees Genezareth. Galiläa war demnach Durchgangsregion für den Handel, exportierte aber auch selbst Güter wie Fisch, Öl und Keramik.

In den Evangelien wird Sepphoris nicht erwähnt, Tiberias und Magdala tauchen nur am Rande auf und sind keine Orte des Wirkens Jesu. Angesichts der Bedeutung dieser Orte für Galiläa sowie der Nähe von Nazareth zu Sepphoris (ca. 8 km) ist das bemerkenswert und bis heute nicht befriedigend geklärt. Möglicherweise wusste sich Jesus vor allem zu den Menschen in den Dörfern und ländlichen Regionen Galiläas gesandt, denen er das Heil Gottes vermitteln wollte. Das bleibt aber eine Vermutung.

Neben Sepphoris, Tiberias und Magdala als Städte bzw. größere Orte mit einer Bevölkerungszahl von 6000–10000 Einwohnern befanden sich in Galiläa zahlreiche kleinere Orte mit dörflichem Charakter und etwa 600–1000 Einwohnern. Galiläa war demnach eine vor allem ländlich geprägte Region, die sich geographisch in das nördliche, hügelige Obergaliläa, das südlich davon gelegene Untergaliläa sowie die Gegend um den See Genezareth untergliedern lässt.

Neben den bereits genannten, archäologisch nachgewiesenen Synagogen aus dem 1. Jahrhundert existierten auch in Tiberias, Sepphoris, Kapernaum sowie an weiteren Orten Synagogen. Diese werden zum einen literarisch erwähnt, sind zum anderen als ältere Bauten unter den ausgegrabenen Synagogen zu vermuten, die mitunter erst aus späterer Zeit stammen. Die in der älteren Jesusforschung gelegentlich geäußerte Annahme, Jesus sei in einer Gegend aufgewachsen, die nicht «richtig jüdisch» war, erweist sich damit als abwegig.

Zugleich war Galiläa ein mit den umliegenden Regionen durch Handels- und Wirtschaftsbeziehungen eng verflochtenes Gebiet. Diese Gegenden – die syrisch-phönizische Küstenregion, die Dekapolis, die Gaulanitis – waren nicht in derselben Weise jüdisch geprägt wie Galiläa. Das ist in den Episoden der Jesusüberlieferung, die sich in diesen Gebieten zutragen, deutlich erkennbar. Gleichwohl war Galiläa keine jüdische «Insel», sondern eine politisch, religiös und kulturell durch die enge Verbindung mit Judäa geprägte Region mit vielfältigen Beziehungen zu den angrenzenden Gebieten.

Jesus wirkte demnach hauptsächlich in einer jüdisch geprägten Region, die zur Zeit des Antipas einen wirtschaftlichen Aufschwung nahm. Von sozialen Spannungen oder gar Aufständen ist in der betreffenden Zeit nichts bekannt. Das ist zum einen auf die genannte Politik des Antipas zurückzuführen, zum anderen auf die Tatsache, dass Galiläa, anders als Judäa, keine römisch besetzte Region war. In Galiläa waren keine römischen Truppen stationiert, vielmehr hatte Antipas das Gebiet von den Römern gepachtet und war im Gegenzug tributpflichtig. Der Hauptmann, dem Jesus den Evangelien zufolge begegnet ist (Matthäus 8,5–13/Lukas 7,1–10), war demnach entweder ein Veteran, der sich in der Gegend niedergelassen hatte, oder ein in Diensten des Antipas stehender nichtjüdischer Militärführer.

Gleichwohl ist davon auszugehen, dass die Wirtschaftspolitik des Antipas zu deutlichen sozialen Unterschieden in der Bevölkerung Galiläas geführt hat. Menschen in durchschnittlichen Berufen – Bauern, Fischer, Händler – werden die Mehrheit gebildet haben. Die von Jesus seliggepriesenen Armen und Hungernden oder die gelegentlich genannten Tagelöhner, die darauf hoffen mussten, sich für ihren täglichen Bedarf verdingen zu können, waren die Verlierer des wirtschaftlichen Aufschwungs; reiche Land- und Hausbesitzer, Menschen, die vornehme Kleidung trugen und Gastmähler ausrichteten, waren dagegen die Gewinner. Wenn Jesus in den Dörfern und ländlichen Regionen Galiläas die Aufrichtung der Herrschaft Gottes ansagte, ist das nicht zuletzt vor diesem Hintergrund zu verstehen. Jesus sagte vor allem den Ausgegrenzten und Benachteiligten die Erfüllung der Verheißungen vom Heil Gottes zu. Der von ihm proklamierte Anbruch der Gottesherrschaft hatte deshalb durchaus politische Implikationen: Er setzte der Herrschaft des Antipas die Gründung einer anderen, auf den Willen Gottes verpflichteten Gemeinschaft und den Anspruch Gottes auf das Land und seine Menschen entgegen.

4. Grundzüge des Wirkens Jesu

Über Geburt, Kindheit und Jugend Jesu haben wir keine historisch gesicherten Informationen. Die Geburtsgeschichten bei Matthäus und Lukas sind legendarisch, die seit dem 2. Jahrhundert entstandenen «Kindheitsevangelien» enthalten weitere Legenden, aber keine historisch verwertbaren Überlieferungen. Nicht einmal das Geburtsjahr Jesu lässt sich bestimmen, weil dazu zwei konkurrierende Nachrichten vorliegen: Matthäus datiert die Geburt Jesu in die Zeit Herodes' des Großen, der im Jahr 4 v. Chr. starb (Matthäus 2,1), Lukas synchronisiert sie dagegen mit dem Zensus des Quirinius, der im Jahr 6/7 n. Chr. stattfand (Lukas 2,1–3).

Den Evangelien lässt sich entnehmen, dass Jesus Geschwister hatte (Markus 3,31–32/Matthäus 12,46–47/Lukas 8,19–20; Markus 6,3/Matthäus 13,55–56; Johannes 2,12; 7,3.5.10; vgl. 1. Korinther 9,5) und dass er, wie auch sein Vater, als Handwerker tätig war (Markus 6,3; Matthäus 13,55). Weitere Informationen fehlen, weil sich die Evangelien vor allem auf das öffentliche Auftreten Jesu konzentrieren. Es lässt sich deshalb festhalten, dass Jesus in einer jüdischen Familie und in einem jüdischen Kontext aufgewachsen ist und eine für die ländliche Region Galiläas übliche Erziehung genossen haben wird. Dazu hat sicher eine Unterweisung in den Schriften Israels gehört, die vermutlich eine Ausbildung im Lesen, eventuell auch im Schreiben, umfasste. Über Sozialstatus und Familienstand Jesu lässt sich dagegen nichts sagen.

Jesus und Johannes der Täufer

Das erste historisch greifbare Datum des Auftretens Jesu ist die Begegnung mit Johannes dem Täufer. Sie steht in allen Evangelien, mit unterschiedlichen Akzentuierungen, am Beginn seines

Wirkens. Auch die Apostelgeschichte nennt in einem summarischen Rückblick auf das Wirken Jesu am Beginn Johannes den Täufer (Apostelgeschichte 10,37). Wie Josephus ordnet auch Lukas das Wirken des Johannes in die Regierungszeit des Antipas ein (Lukas 3,1: Johannes trat im 15. Regierungsjahr des Kaisers Tiberius auf). Damit kommt man etwa in das Jahr 28/29. Wie lange Johannes gewirkt hat und wie groß sein Einflussbereich war, lässt sich nicht näher eingrenzen.

Über Herkunft und Lebensweg des Johannes ist nur wenig bekannt. Nur bei Lukas wird erzählt, dass Johannes aus priesterlichem Geschlecht stammte (sein Vater Zacharias war Priester am Jerusalemer Tempel, seine Mutter Elisabeth stammte aus dem Geschlecht Aarons). Des Weiteren berichten die Evangelien und Josephus über seine Hinrichtung aufgrund des Konfliktes mit Antipas (Markus 6,17–29/Matthäus 14,3–12/Lukas 3,19–20; Josephus, Altertümer 18,119; vgl. oben, S. 24 f.).

Johannes ist in der Wüste, nahe beim Jordan, aufgetreten. Der Ort ist offenbar symbolisch gewählt, weil sich am Jordan der Einzug Israels ins verheißene Land ereignete. Dann wäre das Ostufer des Jordans die Wirkungsstätte des Johannes gewesen. Das passt damit zusammen, dass dort das zum Herrschaftsgebiet des Antipas gehörende Peräa lag, mit der Festung Machärus, auf der Johannes hingerichtet wurde. Johannes trat in der Tradition der Propheten Israels auf: Markus und Matthäus erwähnen einen Kamelhaarmantel, einen ledernen Gürtel sowie Nahrung aus Heuschrecken und wildem Honig. Ähnliches wird auch von anderen Propheten in Israel berichtet (1. Könige 19,13.19; 2. Könige 2,8.13–14: der Mantel Elias; 2. Könige 1,8: Elia trägt einen Mantel aus Haaren und einen ledernen Gürtel; Sacharja 13,4: ein Mantel aus Haaren als Kleidung der Propheten Israels). Mehrfach wird in den Evangelien erwähnt, dass Johannes einen Kreis von Jüngern gegründet hatte (Markus 2,18; 6,29; Matthäus 11,2/Lukas 7,18; Johannes 1,35; 3,25; 4,1). Das charakteristische Merkmal seines Wirkens war die von ihm vollzogene Taufe, ein symbolisches Untertauchen im Jordan. Dies führte zu seiner Bezeichnung als «Täufer», die in den Evangelien und bei Josephus belegt ist. Anders als in der

Schilderung des Josephus diente die Johannestaufe den synoptischen Evangelien zufolge der Vergebung der Sünden und besiegelte die Umkehr zu Gott (Markus 1,4/Matthäus 3,6/Lukas 3,3).

Die von Johannes verkündete Botschaft lässt sich aus der Drohrede erkennen, die bei Matthäus und Lukas fast wortgleich überliefert ist:

> Natterngezücht! Wer hat euch gelehrt, ihr könntet dem kommenden Zorn entfliehen? Bringt also Frucht, die der Umkehr würdig ist! Und meint nicht, bei euch selbst zu sagen: Wir haben Abraham zum Vater! Denn ich sage euch: Gott kann dem Abraham aus diesen Steinen Kinder erwecken. Die Axt ist schon an die Wurzel der Bäume gelegt; jeder Baum nun, der keine gute Frucht bringt, wird abgehauen und ins Feuer geworfen (Matthäus 3,7–10/Lukas 3,7–9).

Johannes warnt demnach davor, sich darauf zu verlassen, dass die Abrahamskindschaft die Rettung sichern werde. Die Taufe und eine Änderung des Lebens sind dagegen der einzige Weg, dem kommenden Zorn Gottes zu entgehen.

Jesus war, wie viele andere Juden auch, von der Botschaft des Johannes angezogen und hat sich von ihm taufen lassen. Die Begegnung mit Johannes, zu der er von Galiläa an den Jordan gezogen ist, hat ihm entscheidende Impulse für sein eigenes Wirken vermittelt. Vermutlich hat Jesus auch für einige Zeit zur Gruppe der Johannesjünger gehört. Darauf könnte der im Johannesevangelium berichtete Übergang einiger Jünger von Johannes zu Jesus (Johannes 1,35–42) verweisen, ebenso wie die parallele Tauftätigkeit beider (Johannes 3,22–23; 4,1–3). Zudem lassen sich zwischen der Verkündigung des Johannes und derjenigen Jesu Analogien feststellen. Wie Johannes kündigt auch Jesus das unmittelbar bevorstehende Gericht Gottes an und ruft angesichts dessen zur Umkehr auf. Wie für Johannes ist auch für Jesus ganz Israel Adressat seines Wirkens. An die Stelle der Taufe tritt bei Jesus allerdings die Aufforderung, ihn als den von Gott gesandten und autorisierten Repräsentanten anzuerkennen und in die von ihm begründete Gemeinschaft einzutreten. Ein wichtiger Unterschied im Wirken von Johannes und Jesus liegt auch darin, dass Jesus sich nicht an einem Ort aufhält, zu dem die Menschen kommen, sondern in Galiläa umherzieht und die Menschen an ihren Wohnorten aufsucht oder ihnen unterwegs begegnet.

Die Frage, ob Jesus tatsächlich zunächst selbst getauft hat, wie es das Johannesevangelium nahelegt, ist letztlich nicht zu entscheiden und für das Verhältnis von Johannes und Jesus auch von untergeordneter Bedeutung. Wichtig ist dagegen, dass sich Jesus von Johannes getrennt und eine eigene Gemeinschaft gegründet hat, mit der er die Aufrichtung der Gottesherrschaft proklamierte.

Offenbar hat es auch nach der Trennung Jesu von Johannes Kontakte zwischen ihnen bzw. ihren Anhängern gegeben. Darauf verweist die bei Matthäus und Lukas überlieferte Episode, in der Johannes an Jesus die Frage richtet, ob er der erwartete Kommende sei oder ob sie auf einen anderen warten sollen (Matthäus 11,2–19/Lukas 7,18–35). Die Anfrage sowie die Antwort Jesu setzen bereits eine Verhältnisbestimmung zwischen Johannes und Jesus aus christlicher Perspektive voraus. In der Fortsetzung finden sich jedoch wichtige Aussagen über Johannes: Er sei mehr als ein Prophet und größer als alle anderen Menschen; in der Gottesherrschaft sei er dagegen geringer als alle anderen. Hier wird demnach klar unterschieden: Johannes wird als die wichtigste Person in der Geschichte der Propheten Israels beurteilt, zugleich jedoch von der durch Jesus vermittelten Gottesherrschaft getrennt.

Darin dürfte sich die Selbstwahrnehmung Jesu in seinem Verhältnis zu Johannes widerspiegeln: Er betrachtete ihn als den entscheidenden Vorbereiter seines eigenen Wirkens, sah sich selbst jedoch in einer anderen Rolle:

> Das Gesetz und die Propheten reichen bis zu Johannes. Von da an wird das Reich Gottes verkündigt und jeder wird hineingedrängt. (Lukas 16,16; vgl. Matthäus 11,13)

Diese Abgrenzung hat zur christlichen Interpretation des Johannes als Vorläufer Jesu geführt. Das kommt bereits in seiner Einführung mit einem Zitat aus Jesaja 40,3 zum Ausdruck:

> Die Stimme eines Rufers in der Wüste: «Bereitet den Weg des Herrn, macht seine Pfade eben!» (Markus 1,3/Matthäus 3,3/ Lukas 3,4)

Ein zweites Zitat, das bei Markus damit unmittelbar verbunden ist, bei Matthäus und Lukas dagegen an späterer Stelle separat auf Johannes bezogen wird, lautet:

> Siehe, ich sende meinen Boten vor deinem Angesicht her, der wird deinen Weg bereiten. (Exodus 23,20/Maleachi 3,1)

In den Evangelien versteht sich Johannes selbst als derjenige, der einen nach ihm kommenden Stärkeren ankündigt. Seine oben (S. 57) genannte Drohpredigt wird wie folgt fortgesetzt:

> Ich taufe euch mit Wasser, der aber nach mir kommt, ist stärker als ich. Dessen bin ich nicht wert, seine Sandalen zu tragen. Er wird euch mit Heiligem Geist und Feuer taufen. Seine Worfschaufel ist in seiner Hand; und er wird seine Tenne reinigen und den Weizen in seine Scheune sammeln, die Spreu aber wird er mit unauslöschlichem Feuer verbrennen. (Matthäus 3,11–12/ Lukas 3,16–17)

Wenn Johannes tatsächlich auf einen nach ihm Kommenden verwiesen hat, dann zweifellos nicht auf Jesus, sondern auf Gott selbst, der zum Gericht kommen wird. Die christliche Interpretation hat Johannes dagegen Jesus zu- und untergeordnet, was seinem Selbstverständnis zweifellos nicht entsprochen hat.

Das lässt sich auch in der Darstellung der Taufe Jesu durch Johannes erkennen. Historisch betrachtet war dies eine Taufe wie alle anderen. Aus christlicher Perspektive konnte sich Jesus dagegen nicht von Johannes zur Umkehr und zur Vergebung der Sünden taufen lassen, da er der sündlose Sohn Gottes ist, der anderen das Heil Gottes und die Vergebung ihrer Sünden vermittelt. Die Taufe Jesu wird deshalb als ein Ereignis mit einem ganz eigenen Charakter dargestellt: Der Himmel öffnet sich, der Geist kommt auf Jesus herab, Gott erklärt Jesus zu seinem geliebten Sohn (Markus 1,9–11 und Parallelen). Bei Matthäus wird diese Szene dadurch erweitert, dass Johannes sich zunächst weigert, Jesus zu taufen, und stattdessen seinerseits von Jesus getauft werden will (Matthäus 3,14). Das Johannesevangelium berichtet gar nicht mehr von einer Taufe Jesu, sondern nur noch vom Zeugnis des Johannes, er habe den Geist auf Jesus herabkommen sehen (Johannes 1,32).

Die Bedeutung des Johannes zeigt sich, neben der Einbindung in die Geschichte Jesu, auch daran, dass die Taufe zu einem Ritual geworden ist, durch das man Glied der christlichen Kirche wird. Sie wird zwar in christlicher Tradition zumeist mit dem im Matthäusevangelium begegnenden Auftrag Jesu zum Taufen «aller Völker» begründet (Matthäus 28,19), geht aber historisch nicht auf eine Tauftätigkeit Jesu, sondern auf die Johannestaufe zurück. Aus christlicher Sicht ist die Taufe dann als Verbindung mit Jesus Christus, als Reinwaschen von den Sünden und als Verleihung des Heiligen Geistes interpretiert worden.

Die Aufrichtung der Gottesherrschaft

Nach seinem Aufenthalt bei Johannes ist Jesus nach Galiläa zurückgekehrt und hat dort mit seinem öffentlichen Wirken begonnen. In dessen Zentrum steht die durch seine Lehre und sein Wirken vermittelte Gottesherrschaft. Dieser Begriff begegnet an zentralen Stellen in den synoptischen Evangelien und fungiert dort als Leitbegriff für das Wirken Jesu insgesamt. Im Markusevangelium wird die Verkündigung der Gottesherrschaft programmatisch an den Anfang des Wirkens Jesu gestellt:

> Nachdem Johannes ausgeliefert worden war, kam Jesus nach Galiläa, verkündete das Evangelium Gottes und sagte: «Die Zeit ist erfüllt und die Gottesherrschaft ist herbeigekommen. Kehrt um und glaubt an das Evangelium.» (Markus 1,14–15)

Der Anbruch der Gottesherrschaft wird hier mit dem Aufruf zur Umkehr und dem Glauben an das von Jesus verkündigte Evangelium verknüpft. «Evangelium» ist ein für das Markusevangelium charakteristischer Terminus, der zuvor bereits von Paulus verwendet worden war und bis in die Anfänge der christlichen Verkündigung zurückreicht. Von Jesus ist der Begriff aller Wahrscheinlichkeit nach nicht verwendet worden, bezeichnenderweise fehlt er in den anderen Evangelien (Matthäus gebraucht ihn gelegentlich in der Verbindung «Evangelium vom Reich», bei Lukas und Johannes fehlt er ganz).

Königsherrschaft Gottes. Im Begriff «Gottesherrschaft» kommt dagegen der Inhalt des Wirkens Jesu in konzentrierter Form zum Ausdruck. Damit wird die in israelitisch-jüdischen Texten begegnende Vorstellung von Gottes Herrschaft aufgegriffen, die sich über die ganze Welt erstreckt. So heißt es etwa:

> JHWH gehört die Königsherrschaft und er herrscht über die Völker. (Psalm 22,29)
> Dein Thron, Gott, bleibt immer und ewig, ein gerechtes Zepter ist das Zepter deiner Königsherrschaft. (Psalm 45,7).
> JHWH hat im Himmel seinen Thron bereitet und seine Königsherrschaft regiert über das gesamte Weltall. (Psalm 103,19)

Die Überzeugung von der Herrschaft Gottes, der die Herrschaft des Königs in Israel korrespondierte und die im Kultus am Jerusalemer Tempel gefeiert wurde, musste angesichts der politischen Entwicklungen seit der Zeit des babylonischen Exils in neuer Weise durchdacht werden. Gottes Königsherrschaft stand angesichts der Zerstörung des Jerusalemer Tempels, des Exils und der Zerstreuung seines Volkes zur faktischen Situation Israels im Widerspruch. Es entwickelte sich deshalb die Erwartung, dass Gott seine ewige Herrschaft in der Zukunft sichtbar aufrichten werde. Diese zukünftige Herrschaft Gottes konnte als Vernichtung aller Königreiche der Erde geschildert werden und sogar als kosmische Katastrophe, die die widergöttliche Macht zerstört und den Sieg Gottes herbeiführt. So heißt es etwa in Daniel 2,44:

> Und in den Tagen jener Könige wird der Gott des Himmels ein Reich aufrichten, das in Ewigkeit nicht vernichtet wird; und sein Königreich wird keinem anderen Volk überlassen; es wird alle jene Königreiche zermalmen und vernichten; und es wird selbst in Ewigkeit bestehen.

In der bereits genannten «Himmelfahrt des Mose» (Kapitel 10) wird die zukünftige Herrschaft Gottes als Vernichtung der jetzigen Welt beschrieben:

> 1. Und dann wird seine Herrschaft über seine ganze Schöpfung erscheinen, und dann wird der Teufel nicht mehr sein, und die Traurigkeit wird mit ihm hinweggenommen sein. 2. Dann werden die Hände des Engels gefüllt werden, der an höchster Stelle steht, und sogleich wird er sie rächen an ihren Feinden.
> 3. Denn [es wird aufstehen] der Himmlische vom Sitz seiner Herrschaft und heraustreten aus seiner heiligen Wohnung mit Empörung und Zorn wegen seiner Kinder. 4. Und die Erde wird erbeben, bis zu ihren Enden erschüttert werden, und die hohen Berge werden niedrig gemacht und erschüttert werden, und die Täler werden einsinken. 5. Die Sonne wird kein Licht mehr geben und sich in Finsternis [verwandeln; die Hörner des Mondes werden zerbrechen], und er wird sich ganz in Blut verwandeln, und der Kreis der Sterne wird verwirrt.
> 6. Und das Meer wird bis zum Abgrund zurückweichen, [und] die Wasserquellen werden versiegen, und die Flüsse werden erstarren. 7. Denn der höchste Gott, der allein ewig ist, wird sich erheben, und er wird offen hervortreten, um die Heiden zu strafen, und alle ihre Götzenbilder wird er vernichten.

Dann wird Israel glücklich sein, von Gott erhöht werden und sich zu seinem Schöpfer bekennen.

Die Erwartung von der Aufrichtung der Herrschaft Gottes konnte sich auch mit dem Auftreten eines von Gott beauftragten Gesalbten aus dem Geschlecht Davids verbinden, der die Feinde vertreiben und Israel in Gerechtigkeit regieren wird. Dabei steht die Weissagung Nathans aus 2. Samuel 7,12–16 im Hintergrund, in der David ein Nachkomme verheißen wird, dessen Königtum ewigen Bestand haben wird und dem Gott selbst Vater sein will. Diese Verheißung wird in einer Sammlung verschiedener Schriftstellen in dem Qumranfragment 4Q174 auf den Davididen bezogen, der am Ende der Tage auftreten und die «zerfallene Hütte Davids» (Amos 9,11) wieder aufrichten wird. In den Psalmen Salomos, einer im 1. Jahrhundert v. Chr. entstandenen Sammlung von achtzehn Psalmen, von denen die beiden letzten auf die Erwartung eines Herrschers aus dem Geschlecht Davids bezogen sind, wird das Auftreten des Davididen direkt mit der Aufrichtung der Gottesherrschaft verbunden:

> 1 Herr, du selbst bist unser König für immer und ewig; ja, in dir, o Gott, soll unsere Seele sich rühmen.
> 2 Und was ist die Lebenszeit eines Menschen auf Erden? Seiner Zeit entspricht auch seine Hoffnung auf sie.
> 3 Wir aber wollen hoffen auf Gott, unseren Retter; denn die Stärke unseres Gottes ist auf ewig mit Barmherzigkeit, und das Königtum unseres Gottes ist in Ewigkeit über den Heiden mit Gericht.
> 4 Du, Herr, erwähltest David zum König über Israel, und du hast ihm geschworen für seinen Samen in Ewigkeit, dass sein Königtum vor dir nicht aufhöre.
> …
> 21 Sieh zu, Herr, und richte ihnen auf ihren König, den Sohn Davids, zu der Zeit, die du ausersehen, o Gott, über Israel, deinen Knecht, zu herrschen.
> 22 Und umgürte ihn mit Stärke, dass er ungerechte Herrscher zerschmettere, Jerusalem reinige von den Heiden, die [es] vernichtend zertreten!
> 23 In Weisheit und in Gerechtigkeit verstoße er die Sünder vom Erbe, zerschlage des Sünders Übermut wie Töpfergefäße.
> 24 Mit eisernem Stab zerschmettere er ihren Bestand, vernichte die gesetzlosen Heiden durch das Wort seines Mundes.
> 25 Durch seine Drohung schlage er den Feind in die Flucht, fort von seinem Angesicht, und züchtige die Sünder in ihres Herzens Wort.
> 26 Und er wird versammeln ein heiliges Volk, das er führen wird in Gerechtigkeit, und er wird richten die Stämme des Volkes, das geheiligt ist vom Herrn, seinem Gott;
> 27 und er wird nicht erlauben, dass Ungerechtigkeit in ihrer Mitte wohnt, und kein Mensch, der mit Bösem bekannt ist, wird mit ihnen zusammen wohnen; denn er wird sie kennen, dass sie alle Söhne ihres Gottes sind.
> …
> 32 Und er ist ein gerechter, von Gott gelehrter König über sie; und in seinen Tagen ist kein Unrecht unter ihnen, denn alle sind sie heilig, und ihr König ist der Gesalbte des Herrn. (Psalmen Salomos 17,1–32)

Das Königtum, das der Gesalbte aus dem Geschlecht Davids aufrichten wird, steht demnach in Korrespondenz zum himmlischen Königtum Gottes. Darin kommt die Erwartung zum Ausdruck, dass sich Gottes Herrschaft über die Welt in der Herrschaft seines Gesalbten über Israel manifestiert. So war es in den Psalmen, die vom König Israels, der im Auftrag JHWHs regiert, sprechen, gesagt worden, etwa in Psalm 2,6–7:

> Ich aber habe meinen König eingesetzt auf meinem heiligen Berg Zion.
> Kundtun will ich den Ratschluss des Herrn. Er hat zu mir gesagt: «Du bist mein Sohn, heute habe ich dich gezeugt.»

In Psalm 72,1–4 findet sich folgende Aussage:

> Gott, gib dein Gericht dem König und deine Gerechtigkeit dem Königssohn,
> dass er dein Volk richte mit Gerechtigkeit und deine Elenden rette.
> Lass die Berge Frieden bringen für das Volk und die Hügel Gerechtigkeit.
> Er soll den Elenden im Volk Recht schaffen und den Armen helfen und die Bedränger zermalmen.

Die genannten Stellen machen deutlich, dass die Aufrichtung der Herrschaft Gottes im Judentum der Zeit Jesu von Gott selbst erwartet wurde. Ein in seinem Auftrag agierender irdischer Herrscher aus dem Geschlecht Davids sollte dagegen über Israel regieren. Jesu Rede von der Gottesherrschaft setzt diese beiden Vorstellungen unmittelbar miteinander in Beziehung: Jesu Wirken bedeutete die Durchsetzung der Herrschaft Gottes auf der Erde, keine seinem himmlischen Königtum korrespondierende irdische Herrschaft. Vor diesem Hintergrund wird verständlich, warum für Jesus bereits früh eine Herkunft aus dem Geschlecht Davids reklamiert wurde. Dadurch wurde die Verheißung eines kommenden Davididen mit dem Glauben an Jesus als den Gesalbten Gottes verknüpft, der dessen Herrschaft auf der Erde aufrichtet.

Am Beginn des öffentlichen Wirkens Jesu steht demnach seine

Überzeugung, er sei dazu beauftragt, Gottes Herrschaft in Israel aufzurichten. Worauf sich diese Überzeugung gründet, ist nur noch ansatzweise erkennbar. Auf die Taufe durch Johannes kann sie, wie oben gezeigt, kaum zurückgehen. Möglicherweise lässt sie sich jedoch auf ein besonderes Erlebnis zurückführen, das in Lukas 10,18 genannt wird: «Ich sah den Satan wie einen Blitz vom Himmel fallen.» Dahinter könnte ein visionäres Erlebnis stehen, das Jesus davon überzeugt hat, die Macht des Satans sei im Himmel bereits gebrochen und der damit verbundene Anbruch der Herrschaft Gottes sei nun auch auf der Erde durchzusetzen. Dazu sah sich Jesus von Gott beauftragt, was sich in den verschiedenen Bereichen seines Wirkens in je eigener Weise zeigt.

Die Gegenwart als Zeit des Heils. Jesu Rede von der Gottesherrschaft ist von der Dynamik von gegenwärtigem Anbruch und zukünftiger Vollendung geprägt. Entsprechend finden sich sowohl Aussagen, die auf die von Gott erwartete Vollendung seiner Herrschaft in der Zukunft verweisen, als auch solche, die die Gegenwart des Heils Gottes im Wirken Jesu in den Mittelpunkt rücken. Zu den Ersteren gehören etwa folgende Stellen:

> Wenn ich mit dem Finger (oder: Geist) Gottes die Dämonen austreibe, ist das Reich Gottes zu euch gekommen. (Matthäus 12,28/ Lukas 11,20)

Ähnlich wie in der bereits genannten Stelle Markus 1,14–15 wird auch hier davon gesprochen, dass die Gottesherrschaft bereits angekommen ist. Das kommt auch in der Deutung seines Wirkens in der folgenden Stelle zum Ausdruck:

> Selig sind die Augen, die sehen, was ihr seht, und die Ohren, die hören, was ihr hört. Amen, ich sage euch: Viele Propheten und Könige wollten sehen, was ihr seht, und haben es nicht gesehen, und hören, was ihr hört, und haben es nicht gehört. (Matthäus 13,16–17/Lukas 10,23–24)

Vergleichbar damit ist die Rede davon, dass die Gottesherrschaft «mitten unter» den Adressaten des Wirkens Jesu ist:

> Als er von den Pharisäern gefragt wurde, wann die Gottesherrschaft komme, antwortete er ihnen und sprach: Das Reich Gottes kommt nicht so, dass man es beobachten kann. Man wird auch nicht sagen: Siehe, hier! Oder: Dort! Denn siehe, die Gottesherrschaft ist mitten unter euch. (Lukas 17,20–21)

Hier wird die Gegenwart als Zeit des Heils gedeutet, weil im Wirken Jesu die heilvolle Nähe Gottes unmittelbar erfahrbar ist. Das muss man aber auch erkennen und nicht nach irgendwelchen Zeichen – etwa kosmischen Ereignissen – Ausschau halten, die das Kommen der Gottesherrschaft ankündigen würden.

Zu diesem Dialog gibt es eine Analogie im Thomasevangelium. Dort fragen die Jünger Jesus, an welchem Tag die Gottesherrschaft kommen wird. Die Antwort lautet ganz ähnlich wie in den synoptischen Evangelien und betont dabei das Erkennen der Bedeutung der Worte Jesu.

Auch die Seligpreisungen der Armen, Hungernden und Weinenden legen den Akzent auf die sich gegenwärtig realisierende Gottesherrschaft (Matthäus 5,3–4.6/Lukas 6,20–21):

> Selig die Armen; denn das Reich Gottes ist ihrer.
> Selig die Hungernden; denn sie sollen satt werden.
> Selig die Weinenden; denn sie werden lachen.

Die Gottesherrschaft wird hier vor allem den Benachteiligten zugesagt. Ihnen gilt das Heil Gottes in erster Linie, weil die Beseitigung von Not und Traurigkeit ein zentraler Bestandteil der Durchsetzung von Gottes Herrschaft ist. Damit wird eine Überzeugung aufgenommen, die fest in israelitisch-jüdischen Texten verankert ist, dass nämlich Gott denen nahe ist, die zerbrochenen Herzens sind (Psalm 34,19), und dass die Trauernden getröstet werden sollen (Jesaja 61,1–2). Die durch Jesus vermittelte Herrschaft Gottes steht in dieser Tradition. Sie richtet sich vor allem an diejenigen, die gegenwärtig unter sozialer Not, Ausgrenzung und körperlichen Gebrechen zu leiden haben, und spricht ihnen die Zuwendung und das Heil Gottes zu. Das wird auch in anderen Bereichen des Wirkens Jesu erkennbar, etwa in seinen Heilungen.

Die in den Seligpreisungen Angesprochenen sind demnach bereits jetzt «selig», also des Heils Gottes teilhaftig. Das ihnen zugesagte Heil wird sich künftig realisieren, in dieser Gewissheit dürfen sie aber bereits in der Gegenwart leben.

Vollendung in der Zukunft. In anderen Passagen wird die zukünftige Dimension der Gottesherrschaft ins Zentrum gerückt. Dazu gehört die zweite Bitte des Vaterunsers: «Dein Reich komme.» Das Vaterunser ist insgesamt davon geprägt, die irdischen Verhältnisse in den Horizont ihrer himmlischen Vollendung zu rücken. Gott wird als «Vater» angeredet, womit eine jüdische Tradition aufgenommen wird, die auf Psalm 89,27 zurückgeht: «Er (David) wird mich anrufen: ‹Mein Vater bist du und der Fels meines Heils.›»

Die Vateranrede Gottes begegnet auch in anderen jüdischen Texten (Sirach 51,10; Tobit 13,4 sowie in den Qumranfragmenten 4Q372 und 4Q460). Im Neuen Testament ist sie auf Aramäisch («Abba») in Markus 14,36 sowie zweimal bei Paulus (Galater 4,6; Römer 8,15) bezeugt. Sie gehört zum ältesten Bestand der christlichen Überlieferung und ist eine Gebetsanrede Gottes, die auf Jesus selbst zurückgeht. Das Vaterunser hat zudem eine Analogie im Qaddisch-Gebet, einem weit verbreiteten jüdischen Gebet, in dem die Heiligung des Gottesnamens und seine Königsherrschaft eine zentrale Rolle spielen:

> Groß gemacht werde und geheiligt werde sein großer Name in der Welt, die er geschaffen hat nach seinem Willen.
> Und er lasse herrschen seine Königsherrschaft in euren Lebzeiten und in euren Tagen und zu Lebzeiten des ganzen Hauses Israel in Kürze und in naher Zeit.
> Und sprechet: Amen. Es sei sein großer Name gepriesen für die Ewigkeit und für die Ewigkeit der Ewigkeiten.

Die Vateranrede im Vaterunser bringt die Verbundenheit der Betenden mit Gott zum Ausdruck. Diese prägt das Vaterunser insgesamt, das durch eine Korrespondenz zwischen himmlischem und irdischem Bereich geprägt ist. Die nur bei Matthäus belegte Bitte «Dein Wille geschehe, wie im Himmel, so auf Erden» bringt das auf den Punkt. Die einzelnen Bitten des Vaterunsers verbinden die Perspektive auf Gott und seine Herrschaft (die ersten drei sogenannten Du-Bitten: «Geheiligt werde dein Name, dein Reich komme, dein Wille geschehe») mit solchen, die sich auf die Menschen und ihr Verhältnis zu Gott beziehen (die folgenden sogenannten Wir-Bitten: «Unser tägliches Brot gib uns heute, vergib uns unsere Schuld, führe uns nicht in Versuchung»). Gott wird demnach darum gebeten, seine Heiligkeit, seine Herrschaft und seinen Willen auf der Erde durchzusetzen. Zugleich stellen sich die Betenden selbst unter die auf der Erde zu errichtende Herrschaft Gottes. Die Heiligung des Gottesnamens, die Aufrichtung seiner Herrschaft und die Durchsetzung des göttlichen Willens sollen bereits jetzt auf der Erde beginnen und von Gott selbst vollendet werden.

Von einer vergleichbaren Dynamik ist das Gleichnis vom Senfkorn geprägt, das in zwei Versionen überliefert ist und zur ältesten Jesusüberlieferung gehört. Bei Matthäus und Lukas ist es eng mit dem Gleichnis vom Sauerteig verbunden, das einen weiteren Aspekt im Blick auf die Gottesherrschaft beisteuert:

> Womit wollen wir das Reich Gottes vergleichen, und durch welches Gleichnis wollen wir es abbilden? Es ist wie ein Senfkorn: Wenn es aufs Land gesät wird, ist es das kleinste aller Samenkörner auf der Erde. Wenn es aber gesät ist, geht es auf und wird größer als alle Pflanzen und bringt große Zweige hervor, so dass die Vögel des Himmels in seinem Schatten wohnen können. (Markus 4,30–32)
> Wem gleicht das Reich Gottes, und womit soll ich es vergleichen? Es gleicht einem Senfkorn, das ein Mensch nahm und in seinem Garten aussäte. Und es wuchs und wurde ein Baum, und die Vögel des Himmels wohnten in seinen Zweigen.
> Und noch einmal sagte er: Womit soll ich das Reich Gottes vergleichen? Es gleicht einem Sauerteig, den eine Frau nahm und unter drei Sat Mehl mengte, bis sie ganz durchsäuert waren. (Lukas 13,18–21; vgl. Matthäus 13,31–33)

Während bei Markus der Kontrast zwischen dem kleinsten Samenkorn und der größten Pflanze betont wird, steht bei Lukas, der hier einer anderen, vermutlich aus der Logienquelle Q stammenden Fassung folgt, der Prozess des Wachstums im Mittelpunkt. Markus betont dadurch, dass ungeachtet der gegenwärtigen Unscheinbarkeit der Gottesherrschaft ihre zukünftige, machtvolle Vollendung durch Gott nicht infrage steht. Die Adressaten sollen deshalb an der Nachfolge festhalten und sich von den gegenwärtigen Widrigkeiten, unter denen die Gottesherrschaft verborgen ist, nicht irritieren lassen. Das Gleichnis aus der Logienquelle legt den Akzent dagegen auf die Kontinuität zwischen dem Samenkorn und der Pflanze, die daraus wächst und zu einem Baum wird. Das Bild von den «Vögeln des Himmels», die in den Zweigen des Baumes wohnen, findet sich in beiden Fassungen. Es steht für die weltweite Durchsetzung der Gottesherrschaft aus kleinen Anfängen. Dieser Aspekt wird auch in dem anschließenden Sauerteiggleichnis betont: Ein wenig Sauerteig durchsäuert den ganzen Teig – so, wie die kleinen Anfänge der Gottesherrschaft im Wirken Jesu schließlich die ganze Welt durchdringen werden.

Beide Fassungen des Senfkorngleichnisses haben eine je eigene, hyperbolische Pointe: Der Kontrast zwischen dem Senfkorn als dem «kleinsten aller Samenkörner», aus dem eine Pflanze «größer als alle Pflanzen» wird, ist botanisch nicht ganz korrekt, eignet sich aber dazu, das Wachstum aus den kleinen Anfängen hin zur machtvollen Vollendung der Gottesherrschaft zu veranschaulichen. In der Q-Version des Gleichnisses wird das Senfkorn zu dem «Baum», in dem die Vögel wohnen, ins Verhältnis gesetzt. Auch dieses Bild ist nicht kohärent und macht gerade dadurch die Intention deutlich, den Gegensatz zwischen dem geringfügigen Senfkorn und dem Baum, der den «Vögeln des Himmels» Platz bietet, herauszustellen.

Auf die zukünftige Gottesherrschaft verweist auch die Warnung Jesu, dass Menschen von überallher kommen werden, um in der Gottesherrschaft zu Tisch zu liegen, die eigentlichen Adressaten dagegen ausgeschlossen sein werden:

> Viele werden kommen von Osten und Westen und werden zu Tische liegen mit Abraham und Isaak und Jakob in der Gottesherrschaft. Die Kinder des Reiches aber werden in die äußerste

> Finsternis hinausgeworfen werden, dort wird Heulen und Zähneknirschen sein. (Matthäus 8,11–12; vgl. Lukas 13,28–29)

Das Drohwort zeichnet das Szenario, dass andere Menschen den Platz derer einnehmen werden, denen die Gottesherrschaft eigentlich zugedacht ist. Jesus stellt seiner jüdischen Hörerschaft damit vor Augen, dass ihre Zugehörigkeit zu Israel als «Kinder des Reiches» keine Garantie dafür ist, dass sie auch der Gottesherrschaft teilhaftig werden. Ähnlich hatte schon Johannes davor gewarnt, auf die Abrahamskindschaft zu vertrauen, da Gott auch andere zu Kindern Abrahams berufen könne. Daran lässt sich erkennen, dass die Botschaft von Johannes und Jesus in Israel auf Ablehnung und Widerstand gestoßen ist. Das wird auch an dem Wort Jesu über Johannes und sich selbst deutlich, in dem es heißt, dass über Johannes gesagt wurde, er habe einen Dämon, Jesus dagegen als «Fresser und Weinsäufer» abqualifiziert worden sei (Matthäus 11,18–19/Lukas 7,33–34).

Im Zusammenhang des letzten Mahles in Jerusalem ist folgendes Wort überliefert:

> Ich werde von dem Gewächs des Weinstocks nicht mehr trinken, bis ich es von neuem im Reich Gottes trinken werde. (Markus 14,25/Matthäus 26,29; vgl. Lukas 22,18)

Angesichts seines bevorstehenden Todes blickt Jesus hier auf die Gottesherrschaft als einen Raum voraus, der über den gegenwärtigen, irdischen Bereich hinausreicht und in den er selbst nach seinem Tod eingehen wird. Es ist deshalb wahrscheinlich, dass dieses Wort, anders als die sogenannten «Einsetzungsworte» zum Abendmahl, die ihm unmittelbar vorangehen, auf Jesus selbst zurückgeht. Es bringt seine Überzeugung zum Ausdruck, dass sein Weg nicht am Kreuz enden, sondern in die von ihm verkündigte Gottesherrschaft führen wird. Die Einsetzungsworte stammen dagegen aus der frühchristlichen Überlieferung, nicht von Jesus selbst (siehe dazu unten, S. 110–112).

Jesus deutet demnach sein eigenes Wirken als unmittelbaren Beginn der Aufrichtung der Gottesherrschaft auf der Erde. Dazu gehört, dass sein Wirken durch seine Nachfolger fortgesetzt und schließlich von Gott vollendet werden wird. Die von Gott heraufgeführte Herrschaft wird mit Macht hereinbrechen (Markus 9,1), sie wird mit apokalyptischen Ereignissen verbunden sein (Markus 13,18–27) und sie wird unerwartet kommen. Deshalb ergeht die Aufforderung zur Wachsamkeit, denn der Zeitpunkt des Anbruchs von Gottes Macht ist nicht im Voraus zu bestimmen (Markus 13,28–37).

Mit dem Kommen der Gottesherrschaft ist die Scheidung zwischen Geretteten und Verlorenen verbunden. Dadurch vollendet sich, was in der Gegenwart bereits im Gang ist. Diejenigen, die sich in die Gemeinschaft Jesu haben rufen lassen und seinen Anspruch akzeptieren, der letzte und entscheidende Repräsentant Gottes auf der Erde zu sein, werden gerettet, die anderen gehen verloren. Die endgültige Entscheidung über Heil und Unheil verbindet Jesu Rede von der Gottesherrschaft mit apokalyptischen Texten des Judentums, die das endzeitliche Gericht Gottes erwarten, das zwischen Gerechten und Sündern scheiden wird (siehe oben, S. 35 f.). Das Spezifikum der apokalyptischen Erwartung Jesu besteht dabei darin, dass er sein eigenes Wirken zu den Ereignissen des letzten Gerichts unmittelbar in Beziehung setzt.

Die Gleichnisse

Gleichnisse sind eine charakteristische Redeweise Jesu von der Gottesherrschaft. Sie sind Teil eines breiteren Bereichs bildlicher Sprachformen, zu dem etwa auch Bildworte, Vergleiche und Metaphern gehören. Diese Formen lassen sich nicht scharf voneinander abgrenzen. Das wird schon daran deutlich, dass ein bildlicher Vergleich, durch den eine Mahnung illustriert wird, auch als ausgeführtes Gleichnis begegnen kann. So mahnt Jesus etwa in Markus 13,34–35 zur Wachsamkeit angesichts der unerwartet hereinbrechenden Gottesherrschaft:

> Es ist wie bei einem Menschen, der außer Landes reiste: Er verließ sein Haus und gab seinen Knechten Vollmacht, einem jeden seine Aufgabe, und dem Türwächter befahl er, wachsam zu sein. Seid also wachsam, denn ihr wisst nicht, wann der Herr des Hauses kommt!

Hier wird eine kleine Erzählung in die Rede Jesu über die Notwendigkeit, wachsam zu sein, integriert. Im letzten Satz des Bildes werden die Hörer direkt angesprochen und dadurch unmittelbar in die Erzählung hineingenommen. Im Matthäusevangelium findet sich ein ganzer Komplex über das Thema der Wachsamkeit, der mehrere Bildworte und Gleichnisse umfasst (Matthäus 24,42–25,30). Er illustriert die vorangehende Rede Jesu über die unerwartet kommende Gottesherrschaft und schärft die Notwendigkeit ein, sich stets bereitzuhalten. Das dabei verwendete Bildmaterial gleicht demjenigen in der gerade genannten Warnung bei Markus.

Einige Gleichnisse sind explizit auf die Gottesherrschaft bezogen. Ihre Einleitung lautet: «Mit der Gottesherrschaft ist es wie ...» oder ähnlich (z. B. Markus 4,30–32; Matthäus 13,24–30.44.45.47–49; 22,1–14; 25,1–13). Andere Gleichnisse weisen keinen derartigen Vergleichssatz auf, handeln aber gleichwohl von der Gottesherrschaft und dem angesichts ihres Anbruchs geforderten Leben (z. B. Markus 4,3–9; Matthäus 24,45–51; Lukas 10,30–35).

In der Gleichnisrede im 4. Kapitel des Markusevangeliums geht es um den Zusammenhang von verborgenem Anbruch und zukünftiger Vollendung der Gottesherrschaft, der in drei Gleichnissen und einigen weiteren Bildworten entfaltet wird. Die Gleichnisse bedienen sich des Bildfelds von Aussaat und Ernte: Ein Sämann sät auf verschiedene Böden: auf den Weg, auf felsigen Boden, unter die Dornen, auf guten Boden. Nur im letzten Fall geht die Saat auf und bringt vielfache Frucht. Das zweite Gleichnis (4,26–29) erzählt von einem Menschen, der seine Saat ausgebracht hat und dann erst wieder zur Zeit der Ernte aktiv wird; zwischendurch wächst die Ernte von selbst. Das dritte Gleichnis (4,30–32) schließlich ist das oben genannte vom Senfkorn, das zu einer großen Pflanze wird.

Die Gleichnisrede illustriert Jesu Verkündigung von der Gottesherrschaft, die verborgen anbricht und auf die besonders geachtet werden muss, um sie nicht zu übersehen oder über ihre Unscheinbarkeit irritiert zu sein. Weiter stellt die Rede durch das Bild von Aussaat und Ernte den Zusammenhang vom Beginn der Gottesherrschaft im Wirken Jesu und ihrer Vollendung vor Augen. Das Bild von der Ernte steht dabei, wie häufig in der jüdischen Tradition, für das Gericht. Der Kontrast von verborgenem Beginn und offenbarem Ende wird sowohl durch das Senfkorngleichnis als auch durch die Bildworte von der Lampe, die nicht unter den Scheffel, sondern auf einen Leuchter gestellt wird (4,21), hervorgehoben.

Andere Gleichnisse beschäftigen sich mit der Haltung, die dem Anbruch des Gottesreiches angemessen ist. Jemand, der einen Schatz im Acker findet, verkauft alles, was er hat, um den Acker zu erwerben; ein Kaufmann verkauft alles, um eine wertvolle Perle zu erwerben, die er gefunden hat (Matthäus 13,44–46). In diesen Gleichnissen wird betont, dass die Gottesherrschaft unbedingte Priorität hat und man alles daransetzen soll, in sie hineinzugelangen.

Schließlich ist auch der Verweis auf das zukünftige Gericht Thema der Gleichnisse. Oben wurde auf die Wachsamkeitsgleichnisse hingewiesen, die zu den Gerichtsgleichnissen gehören. Das Gericht ist auch Thema der Gleichnisse vom Unkraut unter dem Weizen (Matthäus 13,24–30) sowie von den guten und den schlechten Fischen (13,47–50). Beide Gleichnisse werden von Matthäus explizit zum Endgericht in Beziehung gesetzt: Das Gleichnis vom Unkraut stellt die Situation am Ende der Zeit dar, wenn der Menschensohn wiederkommt und diejenigen eingesammelt und ins Feuer geworfen werden, die gesetzlos gelebt haben (so die Deutung in 13,36–43). Das Gleichnis von den Fischen verdeutlicht, dass am Ende der Zeit die Bösen von den Gerechten geschieden und vernichtet werden.

Nicht alle Gleichnisse der Evangelien stammen von Jesus. Vielmehr spiegeln etliche von ihnen die Erzählweise der Verfasser und ihre Theologie wider. Aus den Evangelien lässt sich deshalb auch nicht auf die historischen Situationen zurückschließen, in denen Jesus die Gleichnisse erzählt hat. Das wird nicht zuletzt daran deutlich, dass Gleichnisse in verschiedenen Zusammenhängen begegnen können: Das Gleichnis vom verlorenen Schaf ist im Matthäusevangelium (18,12–14) eine Illustration des Umgangs mit schutzbedürftigen Gemeindegliedern. Bei

Lukas (15,4–7) veranschaulicht es dagegen Gottes Bemühen um jeden einzelnen Sünder, der für die Gottesherrschaft gewonnen werden soll. Auch das Gleichnis von der Einladung zum Gastmahl ist bei Matthäus (22,1–14) und Lukas (14,16–24) unterschiedlich kontextualisiert und hat eine je eigene Pointe. Natürlich kann Jesus ein Gleichnis auch mehrfach in unterschiedlichen Situationen und mit verschiedenen Pointen erzählt haben. Aus den Evangelien lassen sich zwar Themen der Gleichnisverkündigung Jesu erheben, die dann in den Evangelien weiterentwickelt und in die jeweiligen literarischen Kontexte gestellt wurden. Auf historische Erzählsituationen sind die Gleichnisse jedoch nicht unmittelbar zurückzuführen.

Machtvolles Wirken in der Autorität Gottes

Krankenheilungen. In den Evangelien wird häufig davon erzählt, dass Jesus Menschen, die sich mit körperlichen Leiden an ihn wandten, geheilt hat. Mitunter geht die Initiative auch von Jesus selbst aus, der sich einem kranken Menschen zuwendet. Dabei fällt auf, dass es oftmals schwere, scheinbar unheilbare Krankheiten sind, mit denen sich Menschen an Jesus wenden: Blindheit, Taubstummheit, Krankheiten, die schon viele Jahre andauern und von niemandem geheilt werden konnten. So wird etwa davon berichtet, dass eine Frau, die schon seit zwölf Jahren an Blutfluss litt und der kein Arzt hatte helfen können, durch die Berührung des Gewandes Jesu gesund wurde (Markus 5,25–29, mit Parallelen). An anderer Stelle wird eine Frau geheilt, die schon seit achtzehn Jahren an einer Verkrümmung litt (Lukas 13,11–13). Der am Teich Bethesda liegende Gelähmte litt sogar seit achtunddreißig Jahren an seiner Krankheit (Johannes 5,5). Die Heilungen Jesu können sogar Gestorbene wieder ins Leben zurückholen. Diese Totenauferweckungen – die Auferweckung der Tochter des Jaïrus, Markus 5,21–23.35–43; des jungen Mannes aus Naïn, Lukas 7,11–17; sowie des Lazarus, Johannes 11,1–45 – gehören zu den Heilungen Jesu, denn die Auferweckten kehren in ihr irdisches Leben zurück. Davon zu unterscheiden ist die apokalyptische Vorstellung der Auferweckung der Toten zum endzeitlichen Gericht. Die Heilungen Jesu richten sich demnach vor allem an Menschen, die nach menschlichem Ermessen als unheilbar galten und bei denen auch die ärztliche Heilkunst nichts ausrichten konnte (vgl. Markus 5,26).

Die Heilungen Jesu sind ein zentraler Bestandteil des durch ihn vermittelten Heils Gottes. Deshalb werden sie auch mit Hilfe prophetischer Verheißungen über Gottes Heilshandeln am Ende der Zeit gedeutet. So wird bereits zu Beginn des öffentlichen Auftretens Jesu im Lukasevangelium sein Wirken als Gesalbter in dieser Weise dargestellt:

> Der Geist des Herrn ist auf mir, denn er hat mich gesalbt; den Armen frohe Botschaft zu verkünden hat er mich gesandt; zu verkünden den Gefangenen Freilassung und den Blinden, dass sie wieder sehen; zu senden die Zerschlagenen in Freiheit; zu verkünden das angenehme Jahr des Herrn. (Lukas 4,18–19 vgl. Jesaja 61,1–2; 58,6)

In ähnlicher Weise wird in Jesu Antwort an Johannes den Täufer sein Wirken durch Verheißungen aus dem Jesajabuch gedeutet:

> Blinde sehen wieder, Lahme gehen umher, Aussätzige werden rein und Taube hören, Tote werden auferweckt, Armen wird das Evangelium verkündigt. (Matthäus 11,5/Lukas 7,22; vgl. Jesaja 61,1; 29,18–19; 35,5–6; 42,18; vgl. auch Markus 7,37)

Die Heilungen Jesu vermitteln den Menschen demnach das endzeitliche Heil Gottes und sind nicht einfach Heilungen alltäglicher Krankheiten. Das wird auch daran deutlich, dass die genannten Zusammenstellungen eine Analogie in einem Qumranfragment besitzen, das Gottes Heilshandeln so beschreibt:

> Dann heilt Er Durchbohrte und Tote belebt Er. Armen(/Demütigen) verkündet Er (Gutes), und [Niedrige] (?) wird er sät[tigen, Ve]rlassene (?) wird Er leiten und Hungernde rei[ch machen (?).] (4Q521, Übersetzung J. Maier)

Was hier als Erwartung an Gottes endzeitliches Handeln formuliert ist, wird in der Jesusüberlieferung mit dem Wirken Jesu verbunden.

Hinter diesen Deutungen steht die Erfahrung, dass Krankenheilungen einen zentralen Bereich des Wirkens Jesu bildeten. So wird davon erzählt, dass Jesus die Schwiegermutter des Petrus von Fieber geheilt hat (Markus 1,29–31), dass Menschen von Blutfluss (5,25–34), Aussatz (1,40–44), Lähmung (2,1–12) und Blindheit (8,22–26; 10,46–52) befreit wurden. Welche Heilmethoden Jesus dabei anwandte, lässt sich nur ansatzweise erkennen. Die Evangelien berichten davon, dass er durch Berührung, durch ein Wort oder auch durch die Verwendung von Speichel heilte. Medizinische Kenntnisse, wie sie sich in der hippokratischen Tradition finden, sind dabei nicht zu erkennen.

Die Heilungen Jesu gehören demnach in den Bereich der «Volksmedizin», in dem mit Hilfe von Therapien, die nicht auf einem «wissenschaftlichen» Studium der menschlichen Physiologie beruhten, geheilt wurde. Beispiele für diese Art von Heilmethoden finden sich sowohl im jüdischen als auch im griechisch-römischen Bereich. So berichtet Josephus davon, dass bereits König Salomo durch Beschwörungen böse Geister austreiben konnte. Für seine eigene Zeit berichtet Josephus von einem jüdischen Exorzisten namens Eleazar, der es vermochte, aus einem Besessenen den bösen Geist mittels einer von Salomo genannten Wurzel herauszuziehen. Sueton und Tacitus berichten von einer Heilung durch den römischen Kaiser Vespasian. Dieser habe einen Blinden und einen Lahmen mit Hilfe von Speichel und durch Berührung geheilt.

Im griechisch-römischen Bereich waren die medizinische und die religiöse Dimension von Heilungen eng miteinander verbunden. Der berühmte Arzt Galen von Pergamon (ca. 129–216 n. Chr.), war dem Heilgott Asklepios und dessen Heiligtum in Pergamon eng verbunden. Die rationale Medizin ließ sich mit der Auffassung verbinden, dass der irdische und der göttliche Bereich in Korrespondenz zueinander stehen. Unterschiedlich war jedoch die Auffassung darüber, inwieweit mit einem unmittelbaren göttlichen Eingreifen in die menschlich erfahrbare Wirklichkeit zu rechnen ist und in welchem Verhältnis göttliches und menschliches Wirken zueinander stehen.

Neben der genannten rationalen Medizin gibt es im griechisch-römischen Bereich auch Berichte über Heilungen, die unmittelbar von Asklepios vorgenommen wurden. In Epidauros, an einem der berühmtesten Heiligtümer des Gottes, die zugleich Heilstätten waren, wurden Inschriften Geheilter gesammelt, die an der Außenwand des Tempels angebracht wurden, in dem die Heilungen stattfanden. Es handelt sich bei diesen Inschriften um Werbung für die Heilstätte. Zugleich geben sie einen Eindruck davon, wie von Asklepios bewirkte Heilungen dargestellt wurden.

> 4. Ambrosia von Athen, einäugig. Diese kam als Bittende zu dem Gott. Als sie im Heiligtum herumging, lachte sie über einige von den Heilungen als unwahrscheinlich und unmöglich, als ob Lahme und Blinde gesund werden könnten, nachdem sie nur einen Traum gesehen hätten. Als sie schlief, sah sie eine Vision. Es schien ihr, dass der Gott zu ihr trete und sage, dass er sie zwar gesund mache, als Lohn aber von ihr verlange, für das Heiligtum ein silbernes Schwein zu stiften, zum Gedenken an ihre Unwissenheit. Nachdem er das gesagt hatte, habe er ihr das kranke Auge aufgeschnitten und eine Medizin hineingegossen. Als es Tag geworden, kam sie gesund heraus.
> 5. Ein Knabe, stumm. Dieser kam in das Heiligtum wegen der Stimme. Er verrichtete das Eröffnungsopfer und tat die vorgeschriebenen Dinge. Anschließend verlangte derjenige Knabe, der für den Gott das Feuer bringt, auf den Vater des Knaben blickend, er solle versprechen, innerhalb eines Jahres, nachdem er das erlangt habe, weshalb er da sei, zum Dank für die Heilung zu opfern. Plötzlich rief der Knabe: «Ich verspreche es!» Der Vater war entsetzt und forderte ihn auf, es noch einmal zu sagen. Er sagte es noch einmal, und daraufhin wurde er gesund. (Übersetzung J. S., in Anlehnung an W. Herzog)

In den Inschriften wird ein unmittelbares Eingreifen des Gottes Asklepios zugunsten der Kranken berichtet. In der Jesusüberlieferung wird die Heilung dagegen durch Jesus vorgenommen, der im Auftrag und in der Vollmacht Gottes handelt. Vergleichbar ist, dass in beiden Fällen ein Gott bzw. sein Repräsentant die Heilung vornehmen. In der rationalen Medizin therapiert dagegen der Arzt die Krankheit und dient damit den göttlichen Ordnungen des Kosmos.

Wenn sich Jesu Heilungen oftmals auf eigentlich unheilbare

Krankheiten beziehen, drückt sich darin das frühchristliche Bekenntnis zu Jesus als dem von Gott in die Welt gesandten Retter aus. Es ist also davon auszugehen, dass Jesus tatsächlich geheilt hat und dies zu den grundlegenden Erfahrungen der Menschen gehörte, die sein Wirken erlebten. Zugleich ist offensichtlich, dass diese Heilungen aus der Perspektive des christlichen Bekenntnisses gedeutet wurden – als Vermittlung des Heils Gottes und zugleich als Erfüllung der prophetischen Verheißungen.

Exorzismen und weitere Machttaten. In enger Verbindung zu den Heilungen Jesu stehen seine Exorzismen. Dabei handelt es sich um die Austreibung böser bzw. unreiner Geister oder Dämonen aus Menschen, die von ihnen gequält wurden. Ein solcher Exorzismus steht programmatisch am Beginn des Wirkens Jesu im Markusevangelium (1,23–27). Dabei wird deutlich, dass Jesus den feindlichen Mächten, die die Menschen gegen den Willen Gottes peinigen, den Kampf ansagt. Mit seinen Exorzismen setzt Jesus somit die Macht Gottes gegen die Macht des Satans durch. Das wird in der Auseinandersetzung über den Vorwurf erkennbar, Jesus sei mit dem Beelzebul, dem obersten Dämonenherrscher, im Bunde (Markus 3,22–30/Matthäus 12,22–30/Lukas 11,14–23). Jesus hält diesem Vorwurf entgegen, dass ein in sich gespaltenes Reich zum Untergang verurteilt sei. Der Satan stehe nicht gegen sich selbst auf, denn Jesu Wirken erfolge im Geist Gottes und sei deshalb gerade gegen den Satan und seine Herrschaft gerichtet.

Die Exorzismen Jesu wurden als unmittelbarer Anbruch der Gottesherrschaft aufgefasst. Das wird in dem oben (S. 65) zitierten Satz aus Lukas 11,20 deutlich. Das Einzigartige ist demnach nicht, dass Jesus überhaupt Exorzismen durchführen konnte. Derartiges wurde auch von anderen Personen, sowohl im jüdischen als auch im griechisch-römischen Bereich, berichtet. Allein die Exorzismen Jesu aber vermitteln das Heil Gottes an die Menschen. Darin gehen sie über alle anderen Austreibungen böser Geister hinaus, weil sie die Menschen nicht nur von der Besessenheit durch böse Geister heilen, sondern sie in umfassender Weise zu Gott in ein heilvolles Verhältnis setzen.

Darin wird ein wesentlicher Unterschied der Heilungen und Exorzismen Jesu zur rationalen Medizin und auch zum Wirken anderer Heiler und Exorzisten deutlich. Das Wirken Jesu zielt auf eine umfassende physische, psychische und soziale Restitution der Menschen. Die Krankheiten werden dabei nicht in erster Linie als physiologische Defekte, sondern vor allem als Störungen des Gottesverhältnisses des Menschen und als Beeinträchtigungen seines Lebens als Geschöpf Gottes aufgefasst. Wenn Jesus zu der vom Blutfluss geheilten Frau sagt, ihr Glaube habe sie «gesund gemacht» (Markus 5,34), dann geht die Bedeutung des verwendeten griechischen Begriffs *sôzein* über die Bezeichnung der Heilung der Krankheit hinaus. Er kann auch «heilen» im umfassenden Sinn oder «retten» bedeuten, und das ist an dieser Stelle sehr wahrscheinlich auch gemeint. Dieser Satz steht damit programmatisch dafür, was durch die Heilungen und Exorzismen Jesu bewirkt wird, nämlich die Wiederherstellung eines intakten Gottesverhältnisses, das die Beseitigung körperlicher Beeinträchtigungen ausdrücklich einschließt.

Die Erzählungen von Exorzismen und Heilungen Jesu zeigen, dass die Ursache für Krankheiten in der Macht des Satans gesehen wurde, der die Menschen quält und sie damit vom Heil Gottes fernhält. Die Heilungen und Exorzismen Jesu gehören demnach zur Durchsetzung der Gottesherrschaft und bringen die Macht des Satans und aller Gott widerstreitenden Kräfte an ihr Ende.

Weitere von Jesus berichtete Machttaten runden den Befund zu den Heilungen und Exorzismen ab. Es wird berichtet, dass Jesus Macht über Naturgewalten wie Wind und Wasser hatte (Markus 4,35–41 und Parallelen), dass er über das Wasser gehen konnte (Markus 6,45–52; Matthäus 14,22–33; Johannes 6,16–21) oder dass er Wasser in Wein verwandeln konnte (Johannes 2,1–10). Diese Erzählungen dienen dazu, Jesus als den legitimen, autorisierten Repräsentanten Gottes darzustellen. Sie lassen sich im Horizont von Aussagen über Gott und seine Vollmacht verstehen, die sich in der israelitisch-jüdischen Tradition finden. So lässt sich etwa der Seewandel Jesu vor dem Hintergrund von Aussagen über Gott, dessen Weg durch das Meer und dessen Pfad durch große Wasser führt (Psalm 77,20) oder der auf dem Meer umhergeht wie auf dem Erdboden (Hiob 9,8 nach der Septuaginta), deuten. Auch in der griechisch-römischen Überlieferung finden sich Analogien zu den machtvollen Taten Jesu. Seine Heilungen und andere machtvolle Taten wurden demnach im Kontext von Traditionen über das Wirken göttlicher Mächte gedeutet und in der Überlieferung weiter ausgebaut.

Jesu Auslegung der Tora

Die Tora als Weisung Gottes für sein Volk war für Jesus und die Menschen in seinem Umfeld die unumstößliche Grundlage für ein Leben nach dem Willen Gottes. Das wird nirgendwo infrage gestellt. Die Diskussion drehte sich jedoch darum, wie die Tora auszulegen und im täglichen Leben zu praktizieren war. Hierzu hatten insbesondere die Pharisäer eine Vielzahl von Auslegungsregeln (Halachot) entwickelt, mit denen die Weisungen der Tora zu verschiedenen Situationen des Lebensalltags in Beziehung gesetzt wurden. Dass sich auch Jesus mit der Auslegung der Tora befasst hat, verwundert angesichts seines Wirkens in Israel nicht. Er musste seine eigenen Vorstellungen von einem Leben nach dem Willen Gottes aus den Geboten der Tora entwickeln und sich zu diesen in Beziehung setzen. Dabei geriet er immer wieder mit den Pharisäern in Konflikt, die andere Auslegungen vertraten. Die in den Evangelien begegnende Polemik gegen eine bloß äußerliche Frömmigkeit der Pharisäer, die sogar als «Heuchelei» gebrandmarkt wird, ist nicht zuletzt darauf zurückzuführen, dass die Pharisäer sich sehr intensiv und engagiert mit der Tora und ihrer Bedeutung für den Lebensalltag befassten. Sie traten als Konkurrenten Jesu auf und waren zur Zeit der Abfassung der Evangelien zumindest in einigen Regionen eine noch einflussreiche Gruppierung, mit der sich die Gemeinden der Jesusnachfolger auseinandersetzen mussten.

Reinheitsgebote. Ein zentraler Bereich der Toraauslegung Jesu betrifft die Frage der Reinheitsgebote. Nach jüdischem Verständnis waren bestimmte Regeln zu beachten, um die kultische

Reinheit, die für die Begegnung mit Gott notwendig ist, einzuhalten bzw. wiederherzustellen. Dazu gehörte zum Beispiel der Verzicht auf Verzehr von unreinen Tieren, die in 3. Mose 11 aufgelistet werden. Des Weiteren musste sich eine Frau nach der Geburt ihres Kindes sowie nach ihrer Monatsblutung reinigen. Menschen, die von Aussatz (Lepra, eine Bezeichnung für verschiedene Formen von Hautkrankheit) befallen waren, mussten sich nach der Heilung vom Priester für rein erklären lassen.

Die Reinheitsthematik erlangte für das Christentum in dem Moment besondere Brisanz, wo das Evangelium auch an Nichtjuden verkündigt wurde und Gemeinden aus jüdischen und nichtjüdischen Menschen entstanden. Das war sehr bald nach Tod und Auferstehung Jesu der Fall und führte bereits nach wenigen Jahren zur ersten Gemeinde aus Juden und Heiden in Antiochia am Orontes (vgl. Apostelgeschichte 11,19–26). Nunmehr entstand die Frage, ob die jüdischen Reinheitsgebote auch für Nichtjuden gelten sollten. Dies war deshalb besonders brisant, weil Regeln für die Tischgemeinschaft, also das gemeinsame Essen der entstehenden christlichen Gemeinde, gefunden werden mussten. Paulus hat zu dieser Frage eine sehr liberale Haltung entwickelt: Prinzipiell kann alles gegessen werden, solange niemand in der Gemeinde daran Anstoß nimmt. Unreinheit ist für Paulus keine objektive Gegebenheit, sondern eine Frage der Perspektive: Nur wenn jemand Speisen für unrein ansieht, sind sie es für ihn oder sie auch tatsächlich (Römer 14,14; vgl. 1. Korinther 8; Römer 14,1–15,13). Damit vergleichbar ist die Regelung, die der Apostelgeschichte zufolge gilt: Gott hat auch unreine Speisen für rein erklärt, darum können Heiden in die Gemeinschaft mit den Juden aufgenommen werden (10,9–36). In der Jesusüberlieferung hat sich diese Auffassung im Markusevangelium niedergeschlagen, wo es heißt, dass Jesus «alle Speisen für rein erklärte» (Markus 7,19). Dieser Satz gibt jedoch zweifellos nicht die Sicht Jesu auf diese Frage wieder.

In der entsprechenden Episode, die sich bei Markus und Matthäus findet (Markus 7,1–23; Matthäus 15,1–20), kritisieren die Pharisäer, dass die Jünger Jesu mit ungewaschenen Händen essen. Jesus entgegnet, dass nicht das, was von außen in den

Menschen hineingeht, ihn unrein macht, sondern was aus ihm herauskommt: aus dem Herzen kommende böse Gedanken, Mord, Ehebruch, Unzucht usw. Die Speisegebote werden damit auf eine ethische Ebene gehoben: Wichtiger als die Beachtung reiner und unreiner Speisen ist die innere Haltung des Menschen. Anders gesagt: Ohne die entsprechende ethische Einstellung nützt auch die Einhaltung von Speisegeboten nichts. In dieser Gewichtung von Torageboten lässt sich der Diskurs über die Speisegebote in die Jesusüberlieferung einzeichnen: Jesus hat an der Debatte darüber, wie die Toragebote zueinander ins Verhältnis zu setzen seien, mit einer eigenen, pointierten Position teilgenommen. Die grundsätzliche Abschaffung der Reinheitsgebote, wie sie der genannte Satz aus dem Markusevangelium impliziert, geht dagegen über die Position Jesu deutlich hinaus.

Diese Sicht lässt sich auch mit Jesu Haltung gegenüber als unrein geltenden Menschen in Verbindung bringen. Jesus hat sich Kranken und Sündern zugewandt, gelegentlich ist er sogar in Kontakt mit Heiden gekommen. Die Tischgemeinschaften mit Zöllnern und Sündern haben ihm Kritik und Feindschaft eingebracht, weil darin nach Auffassung jüdischer Zeitgenossen Grenzen überschritten wurden, die für ein intaktes Gottesverhältnis zu beachten waren. Jesus hat demgegenüber ein «offensives» Verständnis von Reinheit vertreten: Durch die von ihm und die in seinem Auftrag von seinen Nachfolgern vermittelte Reinheit wurden Menschen in die Gottesherrschaft hineingenommen. Die Bedeutung der Reinheitsgebote bemisst sich für Jesus demnach daran, wie sie sich innerhalb der im Anbruch befindlichen Gottesherrschaft verstehen lassen. Dieser pragmatische Umgang mit der Tora lässt sich auch in anderen Bereichen erkennen.

Das Sabbatgebot. Ein weiterer wichtiger Bereich betrifft den Umgang Jesu mit dem Sabbatgebot. Es wurde bereits darauf hingewiesen, dass zur Frage des am Sabbat Erlaubten im Judentum der Zeit Jesu unterschiedliche Auffassungen bestanden. Es ist deshalb nicht verwunderlich, dass die Sabbatpraxis Jesu Gegenstand von Kontroversen war. Ähnlich wie bei der Reinheitsfrage lässt sich auch hier sein sachbezogener Zugang feststellen: Für Jesus hatte die Lösung eines konkreten Problems – etwa die Heilung eines Kranken oder das Stillen von Hunger (vgl. Markus 2,23–28) – Priorität. Dies konnte zu Konflikten mit der Sabbatauffassung der Pharisäer führen. In den Evangelien wird das mitunter auf eine grundsätzliche Ebene gehoben, etwa wenn Jesus fragt «Ist es erlaubt, am Sabbat zu heilen oder nicht?» (Lukas 14,3), wenn er ausgerechnet am Sabbat eine bereits seit vielen Jahren an Verkrümmung leidende Frau heilt (Lukas 13,10–13) oder wenn der Menschensohn als «Herr auch über den Sabbat» bezeichnet wird (Markus 2,28). Jesus hat den Sabbat jedoch nicht grundsätzlich infrage gestellt. Vielmehr drückt sich in seinem Umgang mit dem Sabbatgebot die Überzeugung aus, dass die in seinem Wirken anbrechende Gottesherrschaft auch am Sabbat Vorrang besitzt. Dass Menschen das Heil Gottes erfahren, bringt demnach in der Sicht Jesu den Sinn des Sabbatgebotes gerade zur Geltung und widerspricht ihm nicht, weil es sich bei seinen Heilungen nicht um den Inhalt des Sabbats verletzende menschliche Tätigkeiten handelt.

Diese Tendenz lässt sich auch in der Kontroverse mit den Pharisäern über die Ehescheidung erkennen (Markus 10,2–9/ Matthäus 19,3–9). Die Pharisäer verweisen darauf, dass Mose geboten habe, der Frau bei der Trennung einen Scheidebrief auszustellen (5. Mose 24,1–4). Jesus entgegnet, dass diese Regelung nur wegen der Hartherzigkeit der Menschen erlassen wurde, Gott dagegen den Menschen von Beginn an als Mann und Frau erschaffen habe und sie deshalb zusammengehören. Die strikte Haltung Jesu zur Ehescheidung, die hier mit der Schöpfungsordnung begründet wird, war bereits bei Paulus begegnet (siehe oben, S. 15). Wie beim Sabbatgebot lässt auch Jesu Einstellung zur Scheidungsthematik erkennen, dass seine Haltung daran orientiert war, den in der Tora festgehaltenen Gotteswillen zur Geltung zu bringen.

Die Antithesen der Bergpredigt. Pointiert auf den Punkt gebracht wird Jesu Haltung zur Tora in den Antithesen der Bergpredigt (Matthäus 5,21–48). In ihrer vorliegenden Form sind diese vom

Verfasser des Matthäusevangeliums formuliert, sie können aber zum Teil auf Jesus zurückgehen und bringen wichtige Aspekte seiner Haltung zur Tora zum Ausdruck. Der Begriff «Antithesen», mit dem sie in der Forschung (nicht bei Matthäus) häufig bezeichnet werden, darf nicht zu dem Missverständnis führen, Jesus wolle eine Alternative zum jüdischen Gesetz propagieren oder dieses gar widerlegen. Das wird schon durch die ihnen voranstehende Einleitung ausgeschlossen:

> Denkt nicht, ich sei gekommen, um Gesetz und Propheten aufzulösen. Ich bin nicht gekommen, um aufzulösen, sondern um zu erfüllen. Amen ich sage euch nämlich: Bis Himmel und Erde vergehen, wird kein einziges Jota oder Häkchen vom Gesetz vergehen, bis alles geschieht. Wer nun eines dieser geringsten Gebote auflöst und so die Menschen lehrt, der wird der Geringste genannt werden im Himmelreich. Wer sie aber tut und lehrt, der wird groß genannt werden im Himmelreich. Ich sage euch nämlich: Wenn eure Gerechtigkeit nicht weit über diejenige der Pharisäer und Schriftgelehrten hinausgeht, werdet ihr nicht in das Himmelreich hineingelangen. (Matthäus 5,17–20)

Matthäus versteht die Interpretation der Tora durch Jesus demnach als ihre Erfüllung, nicht etwa als ihre Aufhebung. Das passt mit Jesu Sicht auf die Tora zusammen: Die Tora zielt auf die Erfüllung der von Gott geforderten Gerechtigkeit im Leben der Menschen; durch Pharisäer und Schriftgelehrte wird sie dagegen nur unvollkommen gelehrt und praktiziert.

In den einzelnen Antithesen kommen sodann zentrale Themen der Tora aus der Sicht Jesu zur Geltung: die Verbote von Töten, Ehebruch, Ehescheidung und falschem Schwören sowie eine eigene Sicht auf Vergeltung und Feindesliebe. Durchgängig ist dabei zu erkennen, dass Jesus einem bestimmten Verständnis der Toragebote sein eigenes entgegenstellt. Das wird jeweils an den Einleitungen deutlich. Diese lauten: «Ihr habt gehört, dass den Alten gesagt wurde ...» (oder in der verkürzten Form «Ihr habt gehört, dass gesagt wurde»). Die Adressaten haben demnach eine bestimmte Auslegung der Tora «gehört», nämlich durch andere Lehrer. Gemeint sind vermutlich vor allem die Pharisäer. Deren Interpretation stellt Jesus sein eigenes Verständnis entgegen, das die den entsprechenden Torageboten zugrunde liegende Intention Gottes zur Geltung bringt: Töten beginnt bereits mit der Beleidigung des Gegenübers; Ehebruch beginnt bereits bei dem begehrlichen Blick auf eine andere Frau usw. Dem entspricht es, wenn der Komplex bei Matthäus (5,48) mit der Aufforderung zur Vollkommenheit abgeschlossen wird: «Seid nun vollkommen, wie auch euer himmlischer Vater vollkommen ist.»

Jesu Haltung zur Tora lässt sich demnach seiner Überzeugung vom Anbruch der Gottesherrschaft zuordnen, denn mit diesem ist die Erfüllung des in der Tora niedergelegten Gotteswillens verbunden. Jesus hat deshalb kein grundlegend neues oder anderes Verständnis der Tora entwickelt. Vielmehr hat er die Tora in den Horizont des sich in seiner Gegenwart durchsetzenden Heils Gottes gestellt. Damit waren Gewichtungen verbunden, die sich von anderen Auslegungen der Tora unterschieden und sogar im Gegensatz zu diesen stehen konnten.

5. Die Erneuerung Israels

Der Zwölferkreis, Nachfolger und Gegner

Das Wirken Jesu richtete sich an Israel. Wie Johannes sah es auch Jesus als seine Aufgabe an, Israel zur Umkehr und zu einem Leben nach dem Willen Gottes aufzufordern. Nichtjuden treten dagegen nur sehr sporadisch in den Blick. Die entsprechenden Episoden machen zudem deutlich, dass die Hinwendung zu Menschen außerhalb Israels nicht im Horizont Jesu lag. So wird davon berichtet, dass Jesus in Kapernaum einem römischen Hauptmann begegnete, der sich an ihn mit der Bitte um Heilung seines Sohnes (oder Knechtes) wandte (Matthäus 8,5–13/Lukas 7,1–10; vgl. Johannes 4,46–53). Im anschließenden Dialog wird betont, dass der Hauptmann als Nichtjude nicht zu den Adressaten des Wirkens Jesu zählt (dieser Zug fehlt im Johannesevangelium). Die Heilung erfolgt schließlich aufgrund des großen Vertrauens, das der Hauptmann Jesus entgegenbringt und das Jesus in Israel nicht gefunden hat. In einer zweiten, korrespondierenden Episode (nur im Matthäusevangelium finden sich beide Begebenheiten, die Entsprechung ist dort deutlich erkennbar) begegnet Jesus außerhalb von Galiläa einer Syro-Phönizierin (Markus 7,24–30) bzw. Kanaanäerin (Matthäus 15,21–28). Der Bitte um Heilung ihrer Tochter entgegnet Jesus mit einer drastischen Abweisung, in der er Juden und Nichtjuden mit «Kindern» und «Hunden» vergleicht. Bei Matthäus findet sich zusätzlich die Bemerkung, Jesus sei «nur zu den verlorenen Schafen des Hauses Israel» gesandt (15,24). Ebenso wie in der anderen Episode erfolgt auch hier die Heilung nur aufgrund des großen Vertrauens der Frau zu Jesus.

Beide Episoden bringen zum Ausdruck, dass die Wirkung Jesu zwar über Israel hinausreichen konnte, dass aber die Begegnungen mit Nichtjuden Ausnahmen blieben, die Jesu Sendung zu Israel nicht infrage stellten. Dem entspricht die geographische Konzentration auf Galiläa einerseits, auf Jerusalem und die umliegenden Orte andererseits. Die spätere programmatische Hinwendung der christlichen Mission zu Nichtjuden gründete dagegen in der Überzeugung, dass das Heilshandeln Gottes durch Jesus Christus allen Menschen gilt. Diese Überzeugung liegt zwar im Horizont des Wirkens Jesu, lässt sich mit diesem aber nicht unmittelbar in Verbindung bringen.

Das Ethos der Nachfolgegemeinschaft Jesu. Die Erneuerung Israels findet ihren Ausdruck in der Berufung des Zwölferkreises. Die zwölf Jünger repräsentierten dabei die zwölf Stämme Israels. Den Namenslisten des Zwölferkreises zufolge (sie werden in Markus 3,16–19; Matthäus 10,2–4; Lukas 6,14–16 sowie Apostelgeschichte 1,13 aufgezählt) gehörten zu diesem nur Männer. Es handelt sich um eine Symbolhandlung Jesu, durch die er zum Ausdruck brachte, dass sich sein Wirken auf ganz Israel bezog. Bei Matthäus wird das durch die Aussendung der Jünger «nur zu den verlorenen Schafen des Hauses Israel» (Matthäus 10,6) verstärkt. Zur Nachfolgegemeinschaft gehörten aber nicht nur diese Zwölf. Vielmehr wird auch davon berichtet, dass andere Menschen – etwa der Zöllner Levi (Markus 2,14) oder nicht namentlich Genannte (Matthäus 8,19–22/Lukas 9,57–62) – in die Nachfolge berufen wurden oder von sich aus in diese eintreten wollten. Auch Frauen gehörten zur Nachfolgegemeinschaft Jesu. Sie werden in Markus 15,40–41 und Lukas 8,2–3 zum Teil auch namentlich aufgezählt. Jesus ist demnach mit einer größeren Gruppe von Menschen durch Galiläa gezogen, die unmittelbar an seinem Wirken beteiligt waren. Vermutlich gehörten einige Begleiter Jesu dem Kreis nur zeitweilig an.

Mit der Berufung in den engsten Kreis der Nachfolger Jesu waren Bedingungen verbunden: Die Jünger verließen Familie und Beruf und zogen mit Jesus umher, um an der Verkündigung der Gottesherrschaft teilzunehmen (Markus 1,16–20/Matthäus 4,18–22). Das kann in drastischer Weise ausgedrückt werden als «hassen» der Familie (Lukas 14,26; in Matthäus 10,37 heißt es, die Anhänger Jesu dürften die Familie nicht «mehr lieben» als Jesus). In die Nachfolge Jesu einzutreten bedeutet demnach, zu einer «neuen Familie» zu gehören. Die Familienmetaphorik wird ausdrücklich auf die Gemeinschaft Jesu angewendet: Als die leibliche Familie Jesu ihn von dort zurückholen will, wo er gerade seine Anhänger belehrt, erklärt Jesus, dass diejenigen, die den Willen Gottes tun, seine Familie seien (Markus 3,31–35 mit Parallelen).

Mit der Berufung und dem Eintritt in die Nachfolge eng verbunden war auch der Auftrag Jesu, sein Wirken in Israel fortzusetzen und zu verbreiten. Das hat sich in den Aussendungsreden niedergeschlagen, die sich in den synoptischen Evangelien finden (Markus 6,7–11/Matthäus 10,7–15/Lukas 9,1–5/10,3–12). Die Nachfolger Jesu werden beauftragt, den Anbruch der Gottesherrschaft anzusagen und die damit verbundenen Zeichen zu vollbringen: Kranke zu heilen, Aussätzige rein zu machen, Dämonen auszutreiben. Sie werden dazu aufgefordert, selbst auf die notwendigste Reiseausrüstung zu verzichten und nicht einmal Proviant, ein zweites Gewand, Schuhe oder einen Stock zur Gefahrenabwehr mitzunehmen. Stattdessen sollen sie darauf vertrauen, dass sie in den Orten, in die sie kommen, versorgt und untergebracht werden. Sie treten also in zeichenhafter

Bedürfnislosigkeit auf und setzen ihr Vertrauen auf Gott, der für sie sorgen wird. Dieses Ethos findet sich in einer Rede Jesu, in der er dazu auffordert, die tägliche Sorge um Nahrung und Kleidung hintanzustellen:

> Sorgt euch nicht um euer Leben, was ihr essen, und nicht um euren Leib, was ihr anziehen sollt. Ist nicht das Leben mehr als die Nahrung und der Leib mehr als die Kleidung? Seht auf die Vögel des Himmels: Sie säen nicht und sie ernten nicht und sie sammeln nicht in die Scheunen – doch euer himmlischer Vater ernährt sie. Seid ihr nicht viel mehr wert als sie? Wer von euch könnte durch Sorgen seinem Leben eine kleine Spanne hinzufügen? Auch über die Kleidung – was sorgt ihr euch? Seht die Lilien auf dem Feld, wie sie wachsen. Sie arbeiten nicht und spinnen nicht. Ich sage euch aber: Nicht einmal Salomo in aller seiner Pracht war gekleidet wie eine von diesen. Wenn aber Gott das Gras des Feldes, das heute ist und morgen ins Feuer geworfen wird, so kleidet – um wie viel mehr euch, ihr Kleingläubigen! Sorgt euch also nicht und sagt: Was sollen wir essen, was sollen wir trinken oder: was sollen wir anziehen? Nach dem allem streben die Heiden. Euer himmlischer Vater aber weiß, dass ihr dies alles braucht. Strebt vielmehr zuerst nach der Herrschaft Gottes und seiner Gerechtigkeit, dann wird euch dieses alles dazugegeben werden! (Matthäus 6,25–33/Lukas 12,22–31)

Die Ausgesandten sollen demnach im Vorgriff auf die Gottesherrschaft leben und diese in Israel verkünden. Die Perspektive auf ganz Israel wird dabei durch das Wort von der großen Ernte ausgedrückt, für die nur wenige Arbeiter zur Verfügung stehen. Gott soll deshalb um mehr «Erntearbeiter» gebeten werden, damit ganz Israel erreicht wird (Matthäus 9,37–38/Lukas 10,2).

Die Nachfolge wird auch auf das «Kreuztragen» bezogen, also darauf, den Weg der Verachtung und des Leidens Jesu mitzugehen (Markus 8,34; Matthäus 10,38/Lukas 14,27). Darin deutet sich bereits an, dass die Gemeinschaft Jesu nicht nur auf Sympathie traf, sondern mit Anfeindungen und Angriffen zu rechnen hatte. Verschiedene Worte Jesu an seine Anhänger verweisen darauf:

> Selig seid ihr, wenn sie euch schmähen und verfolgen und euch verleumderisch alles Böse nachsagen um meinetwillen. Freuet euch und frohlockt, denn euer Lohn im Himmel ist groß. Denn so haben sie auch die Propheten vor euch verfolgt. (Matthäus 5,11–12/Lukas 6,22–23)
>
> Achtet auf euch selbst! Man wird euch Gerichten ausliefern, und in Synagogen werdet ihr geschlagen werden, und vor Statthalter und Könige wird man euch stellen um meinetwillen, ihnen zum Zeugnis ... Und ihr werdet gehasst werden von allen um meines Namens willen. Wer aber standhält bis ans Ende, der wird gerettet werden. (Markus 13,9; vgl. Matthäus 10,17.22; Lukas 21,12.17)

Diese Situation hat sich auch in der Aussendung der Jünger durch Jesus niedergeschlagen. Er sendet sie «wie Schafe mitten unter die Wölfe» (Matthäus 10,16/Lukas 10,3), bereitet sie also auf Ablehnung und Widerstand vor, die sie in Israel erfahren werden. Darin lassen sich auch Erfahrungen der Jesusgemeinschaften aus späterer Zeit erkennen.

Es ist zwischen dem Kreis um Jesus, der an seinem Wirken unmittelbar beteiligt war und die anbrechende Gottesherrschaft ankündigte, einerseits und den übrigen Adressaten des Wirkens Jesu andererseits zu unterscheiden. Der Ruf, in die Nachfolge einzutreten, richtete sich an einzelne Personen, wogegen die Aufforderung, umzukehren und Jesus als Gottes Repräsentanten zu akzeptieren, an alle gerichtet war, denen Jesus die Aufrichtung der Gottesherrschaft verkündete.

Diese Unterscheidung wirkt sich auch auf das von Jesus geforderte Ethos aus. Die mit der Aussendung verbundenen Verzichtsforderungen und Anweisungen sind kein generelles Ethos für alle, sondern gelten in der spezifischen Situation der Nachfolgegemeinschaft Jesu und ihres Wirkens in Israel. Dem lassen sich weitere Aspekte zuordnen: Die Aufforderung, nur Gott zu fürchten, nicht aber diejenigen, die nur den Leib töten können (Matthäus 10,28–31/Lukas 12,4–7), gehört zu den Ankündigungen der Feindschaft, die die Nachfolger Jesu zu gewärtigen haben. Auch die Aufforderung zur Feindesliebe lässt sich dem zuordnen. Sie war vermutlich ursprünglich eine Anweisung Jesu an seine Nachfolger, wie mit zu erwartenden Feindseligkeiten umzugehen sei. Jesus fordert dazu auf, erlittenes Unrecht nicht mit gleicher Münze heimzuzahlen, sondern es zu ertragen und sogar zu steigern: die andere Wange hinzuhalten, zum Mantel auch das Untergewand dazuzugeben (Matthäus 5,39–41/Lukas 6,29). Dieses paradox erscheinende Verhalten sollte zum einen die Spirale von Gewalt und Unterdrückung ad absurdum führen. Zum anderen sollte auf diese Weise die Ordnung des Gottesreiches deutlich werden, die den Kreislauf von erfahrenem Unrecht und Vergeltung durchbricht. Schließlich werden Recht und Gerechtigkeit nicht selbst durchgesetzt, sondern Gott anheimgestellt.

Die Gemeinschaft der Nachfolger Jesu wird demnach auf ein Ethos verpflichtet, das vom Anbruch der Gottesherrschaft bestimmt ist. Sie sollen die Ordnung der Gottesherrschaft zeichenhaft leben und sie damit in ihrem unmittelbaren Umfeld sichtbar werden lassen.

Das Ethos der Gottesherrschaft. Die im Anbruch befindliche Gottesherrschaft zeitigte Konsequenzen für das alltägliche Leben. Das galt nicht nur für die unmittelbaren Nachfolger Jesu, sondern auch für die übrigen Adressaten dieser Botschaft. Im Mittelpunkt steht die Frage, was über das Hier und Jetzt hinaus Bestand hat. Diese Sicht wird etwa in Markus 8,35–37 deutlich:

> Wer sein Leben retten will, wird es verlieren; wer aber sein Leben verliert um meinetwillen und um des Evangeliums willen, der wird es retten. Denn was würde es dem Menschen nützen, die ganze Welt zu gewinnen und Schaden zu nehmen an seinem Leben? Denn was will ein Mensch als Tauschmittel für sein Leben geben?

Das Leben des Menschen reicht über die irdische Existenz hinaus. Nur wenn es im Horizont des jetzt anbrechenden Gottesreiches geführt wird, hat es vor Gott Bestand. Konkret heißt das zum Beispiel, verantwortlich mit irdischem Besitz umzugehen. Besitz soll als etwas Vergängliches betrachtet werden, das dem irdischen Leben zugehört, aber nicht zählt, wenn vor Gott Rechenschaft abzulegen ist:

> Sammelt euch nicht Schätze auf Erden, wo Motte und Fraß sie vernichten und wo Diebe einbrechen und stehlen. Sammelt euch vielmehr Schätze im Himmel, wo weder Motte noch Fraß sie vernichten und wo Diebe nicht einbrechen und auch nicht stehlen. Denn wo dein Schatz ist, da ist auch dein Herz. (Matthäus 6,19–21/Lukas 12,33–34)

Diese Haltung zum Besitz kommt auch in der Warnung, man könne nicht zugleich Gott dienen und dem Mammon (Matthäus 6,24/Lukas 16,13), zum Ausdruck, ebenso wie in etlichen Gleichnissen. Sie konzentrieren sich im Lukasevangelium, das dem Umgang mit Besitz besondere Aufmerksamkeit widmet. Der reiche Mann, dessen Trachten ganz darauf gerichtet ist, für sein irdisches Leben vorzusorgen, wird mit seinem plötzlichen, unerwarteten Lebensende konfrontiert (Lukas 12,16–21). Er wird als «töricht» bezeichnet, weil er nur auf sein irdisches Leben geachtet und es nicht im Horizont der Gottesherrschaft bedacht hat.

Konkret wird das in den Forderungen, irdischen Besitz so einzusetzen, dass er den Bedürftigen zugutekommt. Im Gleichnis vom reichen Mann und armen Lazarus (Lukas 16,19–31) wird deutlich, dass der Reiche das Gute, das er zu erwarten hat, bereits im irdischen Leben verbraucht hat. Um den vor seiner Tür liegenden kranken und hungernden Lazarus hat er sich dagegen nicht gekümmert. Nach beider Tod wird ihre Situation ins Gegenteil verkehrt: Der Reiche kommt in den Hades, Lazarus dagegen wird in Abrahams Schoß getragen.

Das Gleichnis, das in der vorliegenden Form vom Verfasser des Lukasevangeliums stammt, bringt einen wichtigen Zug der von Jesus geforderten Haltung auf den Punkt: Leben angesichts der angebrochenen Gottesherrschaft hat Konsequenzen für den Umgang mit irdischen Gütern. Die Gottesherrschaft wendet sich den Armen und Bedürftigen zu, dem muss dadurch Rechnung getragen werden, dass Not gelindert und Barmherzigkeit geübt wird.

Zum Ethos, das Jesus fordert, gehören weiter die Bereitschaft zur Vergebung und eine Ordnung, die sich nicht an den Hierarchien orientiert, die unter Menschen gelten. Zwar ruft Jesus nirgendwo zu aktivem Widerstand gegen die bestehende Ordnung auf und mahnt sogar, dem Kaiser Steuern zu zahlen (Markus 12,13–17). Er fordert aber, dass in der Gemeinschaft derjenigen, die sich an der Gottesherrschaft orientieren, andere Regeln gelten:

> Ihr wisst, dass die, die als Herrscher über die Völker gelten, sie unterdrücken und dass ihre Großen Gewalt gegen sie anwenden. So ist es aber nicht unter euch! Wer unter euch groß sein will, der sei vielmehr euer Diener. Und wer unter euch der Erste sein will, der sei der Sklave aller. (Markus 10,42–44)

Diese Ordnung hat Jesus selbst begründet und vorgelebt. Er hat im Auftrag Gottes Sünden vergeben (Markus 2,5), er hat den Menschen gedient, statt sich selbst dienen zu lassen (Markus 10,45). Mit diesem Auftreten hat er in Israel seine Vorstellung von der Gottesherrschaft entwickelt, er hat zugleich provoziert und zum Widerspruch herausgefordert.

Radikale Alternative: Akzeptanz oder Ablehnung. Um das Auftreten Jesu sind sehr bald Konflikte entstanden – nicht erst in Jerusalem im Zusammenhang der Passionsereignisse. Vielmehr ist davon auszugehen, dass es schon während seiner Wirksamkeit in Galiläa zu Auseinandersetzungen gekommen ist. Sie bezogen sich in erster Linie auf den Anspruch, mit dem Jesus auftrat. Er stellte seine Adressaten vor die radikale Alternative von Akzeptanz oder Ablehnung. Seine Exorzismen sollten als Anbruch der Gottesherrschaft erkannt, seine Heilungen und Mahlgemeinschaften als Vermittlung des Heils Gottes aufgefasst werden. Es verwundert nicht, dass dieser Anspruch polarisierte.

Jesu Auftreten führte vor die Frage, woher die Autorität stammte, in der er aufzutreten beanspruchte. Kam sie tatsächlich von Gott – oder gerade von seinem Widersacher, dem Satan? Dieser Vorwurf wurde in der schon erwähnten Episode über das Bündnis Jesu mit Beelzebul erhoben. Über das Verständnis der

Tora geriet er vor allem mit den Pharisäern in Konflikt. Dass Jesus und seine Nachfolger mit Zurückweisung und Feindschaft zu rechnen hatten, deutete sich bereits zu einem frühen Zeitpunkt an. Er wurde von etlichen in Israel tatsächlich als derjenige angesehen, mit dem Gott seine Herrschaft in Israel aufrichtet. Andere dagegen sahen in ihm einen, der sich zu Unrecht anmaßte, im Auftrag und in der Autorität Gottes zu wirken.

Dieser in Galiläa entstandene Konflikt hat sich auch auf die Jerusalemer Ereignisse um die Verhaftung und Hinrichtung Jesu ausgewirkt. Zwar ist zu differenzieren zwischen den je eigenen politischen Rahmenbedingungen in Galiläa und Judäa sowie zwischen Jesu Auftreten in Galiläa einerseits, den Ursachen, die zu seiner Verhaftung und Hinrichtung in Jerusalem geführt haben, andererseits. Zwischen beidem besteht jedoch insofern ein Zusammenhang, als Jesu Wirken in Galiläa die Erwartung geweckt hatte, er werde in Jerusalem machtvoll auftreten und die Herrschaft Gottes sichtbar aufrichten. Jesus ist zudem nicht alleine in die jüdische Hauptstadt gekommen, sondern gemeinsam mit anderen Menschen aus Galiläa. Das programmatische Auftreten in Jerusalem, das zu seiner Verhaftung und Hinrichtung geführt hat, steht demnach in inhaltlicher Kontinuität zu seiner Wirksamkeit in Galiläa.

Die um das Wirken Jesu entstandenen Konflikte haben letztlich dazu geführt, dass Jesus mit seiner Absicht, Israel davon zu überzeugen, ihn als den entscheidenden Repräsentanten Gottes auf der Erde zu akzeptieren, gescheitert ist. Er hat Menschen dazu bewegen können, an seinem Wirken teilzunehmen, und hat auch in der Bevölkerung Galiläas Akzeptanz gefunden. Er hat aber auch Gegner auf den Plan gerufen, die seinen Anspruch als Gotteslästerung ablehnten und seine Sympathien beim Volk beargwöhnten. Der Grund liegt darin, dass seine Überzeugung, sein Wirken bedeute die Vermittlung von Gottes Heil, letztlich unbeweisbar blieb und deshalb Zustimmung und Ablehnung gleichermaßen hervorrief.

Das Selbstverständnis Jesu und die Deutung seiner Person

In der Jesusüberlieferung finden sich verschiedene Begriffe, mit denen die Person Jesu, sein Wirken und sein Geschick, gedeutet wurden. In der Forschung wurden sie mitunter etwas missverständlich als «Hoheitstitel» bezeichnet. Das ist deshalb irreführend, weil der Ausdruck «Titel» suggeriert, es handle sich um inhaltlich klar umrissene Begriffe, mit denen bestimmte Konzepte auf Jesus übertragen worden wären. Das ist aber bei keiner der Hoheitsbezeichnungen der Fall. Vielmehr handelt es sich um Ausdrücke, mit denen im Judentum verschiedene Funktionen beschrieben wurden, die von Gott Beauftragte ausübten. Die entsprechenden Bezeichnungen konnten dabei unterschiedlich verwendet werden; bei ihrer Anwendung auf Jesus erhielten sie ein eigenes inhaltliches Profil.

Der Umfang der «Hoheitsbezeichnungen» ist nicht eindeutig festgelegt. Im Folgenden werden drei der in historischer und wirkungsgeschichtlicher Perspektive wichtigsten dieser Bezeichnungen besprochen. Darüber hinaus lassen sich weitere Ausdrücke wie «Sohn Davids», «Prophet» oder «Herr» zu den Hoheitsbezeichnungen rechnen. Für die Verbindung des irdischen Wirkens Jesu mit der frühchristlichen Bekenntnistradition spielen einige dieser Ausdrücke eine wichtige Rolle.

«Der Sohn des Menschen». Für die historische Rückfrage nach Jesus ist die Bezeichnung «Menschensohn», genauer: «der Sohn des Menschen», von besonderer Bedeutung. Sie ist die einzige, die Jesus für sich selbst verwendet hat. Alle anderen Hoheitsbezeichnungen wurden von außen an ihn herangetragen. Das zeigt sich bereits daran, dass «Menschensohn» ausschließlich in den Evangelien verwendet wird, und zwar stets zur Beschreibung des Weges Jesu. Die einzige Ausnahme hiervon ist Johannes 9,35. Dort fragt Jesus den von ihm geheilten Blindgeborenen: «Glaubst du an den Sohn des Menschen?» «Glauben» wird sonst nie mit der Bezeichnung Jesu als «der Sohn des Menschen» verbunden. Zu nennen wäre lediglich Lukas 18,8, wo Jesus fragt, ob der wiederkommende Menschensohn Glauben finden wird auf der

Erde. In beiden Fällen handelt es sich um frühchristliche Bekenntnisprägungen. Dagegen begegnet häufiger die Verbindung von «Glauben» mit «Sohn», «Sohn Gottes» und «Christus». Das ist sowohl im Johannesevangelium als auch in neutestamentlichen Briefen der Fall. Die synoptischen Evangelien verbinden «Glauben» dagegen nicht unmittelbar mit den genannten Hoheitsbezeichnungen.

Die weiteren Vorkommen der Bezeichnung «Menschensohn» im Neuen Testament bestätigen diesen Befund. In Apostelgeschichte 7,56 sieht Stephanus während seines Martyriums den erhöhten Menschensohn zur Rechten Gottes stehen. Auch hier sind demnach die Bezeichnung «Menschensohn» für Jesus und seine Erhöhung zur Rechten Gottes bereits vorausgesetzt. Schließlich begegnet die Bezeichnung «Sohn eines Menschen» (ohne Artikel) in Offenbarung 1,13 und 14,14. Hier wird auf die Vision in Daniel 7,13–14 angespielt, in der Daniel jemanden «wie eines Menschen Sohn» sieht, dem von Gott die Vollmacht übertragen wird. Die Aussagen über Jesus als erhöhter «Menschensohn», an den man glauben soll, setzen demnach die Verwendung des Ausdrucks als Selbstbezeichnung Jesu und zur Interpretation des Weges des irdischen Jesus voraus.

Der Ausdruck «der Sohn des Menschen» erscheint in Aussagen, die sich auf den gesamten Weg Jesu beziehen. Einige von ihnen bringen die Autorität seines irdischen Wirkens zum Ausdruck und formulieren die Notwendigkeit, sich zu ihm zu bekennen. So wird über den Menschensohn gesagt, dass er die Vollmacht hat, Sünden zu vergeben (Markus 2,10), und Herr ist über den Sabbat (Markus 2,28). Im zweiten Wort beansprucht Jesus eine erstaunliche Autorität zur Auslegung der Tora. In der erstgenannten Aussage nimmt Jesus die Autorität, die eigentlich nur Gott selbst zusteht, für sich in Anspruch. Die Reaktion der Schriftgelehrten darauf ist deshalb völlig plausibel:

> Was redet dieser so? Er lästert Gott! Wer kann Sünden vergeben außer dem einzigen Gott? (Markus 2,7)

Mit dem Begriff «Menschensohn» wird auch die Wanderexistenz Jesu charakterisiert:

> Die Füchse haben Höhlen und Vögel haben Nester. Der Sohn des Menschen aber hat keinen Ort, um sein Haupt hinzulegen. (Matthäus 8,20/Lukas 9,58)

Hier wird betont, dass die Heimatlosigkeit Jesu zu seinem Wirken für die Gottesherrschaft dazugehört und seine Nachfolger diese mit ihm teilen müssen. Von ihnen erwartet Jesus auch das rückhaltlose Bekenntnis zu ihm als dem Menschensohn:

> Wer sich nämlich meiner und meiner Worte schämt in dieser ehebrecherischen und sündigen Generation, dessen wird sich auch der Menschensohn schämen, wenn er kommt in der Herrlichkeit seines Vaters mit den heiligen Engeln. (Markus 8,38; vgl. Matthäus 10,32–33/Lukas 12,8–9, oben, S. 37).

Mit der Bezeichnung «Menschensohn» wird auch der Weg Jesu durch Leiden und Tod hin zur Auferstehung verbunden:

> Der Sohn des Menschen muss viel leiden und verworfen werden von den Ältesten und den Hohepriestern und den Schriftgelehrten und getötet werden und nach drei Tagen auferstehen. (Markus 8,31; vgl. 9,31; 10,33)

Auch die Ankündigung, dass Jesus sein Leben als Lösegeld für viele gibt (Markus 10,45) und von einem seiner Jünger ausgeliefert werden wird (Markus 14,21), wird mit dem Ausdruck «der Sohn des Menschen» verbunden.

Schließlich wird Jesus als Menschensohn zum endzeitlichen Gericht wiederkommen:

> Dann wird man sehen den Sohn des Menschen kommen auf den Wolken mit großer Macht und Herrlichkeit. Und dann wird er die Engel aussenden und sammeln die Erwählten von den vier Winden, vom Ende der Erde bis zum Ende des Himmels. (Markus 13,26–27)

Nicht alle diese Aussagen gehen auf Jesus zurück. Vielmehr wurde die Selbstbezeichnung «der Sohn des Menschen» im frühen Christentum zur Deutung seines Weges insgesamt verwendet. Was aber hat es mit diesem Ausdruck auf sich und was hat Jesus damit über ein einfaches «Ich» hinausgehend über sein Wirken gesagt? Ein möglicher Bezug besteht zu dem Ausdruck «Menschensohn» in einer Vision des Danielbuches:

> Ich sah in einem nächtlichen Traumgesicht und siehe: Auf den Wolken des Himmels kam einer *wie eines Menschen Sohn* und er war vor dem Alten der Tage und die Umstehenden waren bei ihm. Und es wurde ihm Macht gegeben und alle Völker der Erde nach jeder Zunge und jede Macht dienten ihm. Und seine Macht ist eine ewige Macht, die nicht vergeht und seine Herrschaft ist eine, die nicht vergeht. (Daniel 7,13–14)

Auf diese Stelle, in der das endzeitliche Gericht einem «wie eines Menschen Sohn» übertragen wird, wird in den Evangelien mehrfach angespielt. So ist häufiger davon die Rede, dass Jesus als «Menschensohn mit den Wolken des Himmels» kommen wird. «Menschensohn» wird auch in den Bilderreden des Henochbuches, dem jüngsten Teil der Henochliteratur, verwendet. In Aufnahme der Danielvision ist davon die Rede, dass Henoch die himmlische Gestalt eines Menschensohnes sieht (Kap. 46), der auch als der Gesalbte des «Herrn der Geister» bezeichnet wird (48,10; 52,4) und dessen Funktion Henoch im weiteren Verlauf enthüllt wird. Am Ende der Visionen wird Henoch ins Paradies versetzt (70), und es wird ihm von Gott offenbart, dass er selbst dieser «Menschensohn» ist (71,14–17). Auch im 4. Esrabuch wird eine Vision geschildert, in der Esra «die Gestalt eines Menschen» sieht, der die Feinde Gottes vernichtet (13,1–24). Diese Figur wird in der Erklärung, die Esra erhält, von Gott als sein «Sohn» bezeichnet (13,32.35). In beiden Büchern wird die Gestalt des Menschensohnes aus Daniel 7 demnach auf eine Figur bezogen, die am Ende der Zeit das Gericht Gottes durchführen wird. Diese Gestalt kann auch als «Gesalbter», «Erwählter» oder «Sohn Gottes» bezeichnet werden.

Ist die Bezeichnung Jesu als «Menschensohn» also, in Analogie zu Henoch und 4. Esra, aus Daniel 7 hergeleitet worden? Das wäre möglich, wenn man die Bezugnahmen auf Daniel 7 im

Neuen Testament als Ausgangspunkt der Menschensohnworte beurteilt. Das ist aber sehr unwahrscheinlich. Viel näher liegt, dass Jesus sich selbst als «der Sohn des Menschen» bezeichnet hat und dies dann unter Bezug auf Daniel 7 auch auf seine endzeitliche Wiederkunft zum Gericht bezogen wurde. Dabei wurden auch sein Leiden, sein Tod und seine Auferstehung mit dieser Bezeichnung verbunden.

Dafür spricht auch eine sprachliche Beobachtung. Die Wendung lautet im griechischen Text des Danielbuches «eines Menschen Sohn», es fehlen also beide Artikel. In dieser Weise wird der Ausdruck zum Beispiel auch in den beiden genannten Stellen der Offenbarung des Johannes verwendet, die auf die Danielvision anspielen (so auch im Hebräerbrief 2,6, im Zitat von Psalm 8,5–7). Auch in Johannes 5,27 begegnet diese Verwendung:

> Er (der Vater) hat ihm (dem Sohn) Macht gegeben, Gericht zu halten, weil er eines Menschen Sohn ist.

Der Satz setzt die vorangegangene Aussage Jesu fort, dass ihm vom Vater gegeben wurde, das Leben in sich zu haben. Damit verbunden ist die Vollmacht zur Durchführung des Gerichts. Das Johannesevangelium spielt hier, wie auch die Offenbarung, auf Daniel 7 an und weicht deshalb von der sonstigen Verwendung des Ausdrucks «der Sohn des Menschen» ab.

In den Evangelien begegnet der Ausdruck ansonsten stets mit doppeltem Artikel: «*der* Sohn *des* Menschen». Besonders bemerkenswert ist, dass dies auch in den Zitaten von Daniel 7 und den Anspielungen auf diese Stelle (mit der eben genannten Ausnahme) der Fall ist. Neben der oben (S. 96) zitierten Stelle aus Markus 13 wird das auch in dem Verhör Jesu vor dem Hohepriester deutlich, wo Jesus auf sein künftiges Kommen zum Gericht mit den Worten verweist:

> Und ihr werdet *den* Sohn *des* Menschen sitzen sehen zur Rechten der Kraft und kommen mit den Wolken des Himmels. (Markus 14,62)

Die Anspielung auf Daniel 7 ist deutlich erkennbar. Die Abweichung vom griechischen Text des Danielbuches (*der* Sohn *des*

Menschen) ist zugleich ein klares Indiz dafür, dass der Ausdruck nicht von dort her in die Evangelien Eingang gefunden, sondern seinerseits die Zitate aus Daniel 7 beeinflusst hat. Wie lässt sich dann die Herkunft des Ausdrucks erklären?

Die doppelte Determination ist im Griechischen ungewöhnlich und weist auf einen aramäischen Sprachhintergrund hin. Im Aramäischen bedeutet der Ausdruck: «Mensch», im Sinne von «jeder Mensch» oder «jemand». Wenn sich ein Sprecher in dieser Weise bezeichnet, betont er demnach, dass er *als Mensch* agiert, im Sinne von: «ich, als ein Mensch». Der Sprecher schließt sich selbst also in die Menschen oder eine Gruppe von Menschen ein.

Jesus stellt mit dem emphatischen Ausdruck «der Sohn des Menschen» demnach heraus, dass er *als Mensch* oder als *der Mensch* auf der Erde in der Autorität Gottes wirkt. Er ist Gottes irdischer Repräsentant und richtet Gottes Herrschaft durch sein Wirken auf. Er ist deshalb auch dazu autorisiert, Sünden zu vergeben und die Tora im Horizont der anbrechenden Gottesherrschaft auszulegen. Vor diesem Hintergrund erklärt sich auch, warum an der Annahme oder Ablehnung Jesu die Entscheidung über Heil und Unheil fällt: Wer seine Aufforderung, jetzt in die Gottesherrschaft einzutreten, annimmt, wird beim letzten Gericht zu den Geretteten gehören. Wer ihn und seine Botschaft dagegen ablehnt, wird verlorengehen. Die Pointe der Rede vom Menschensohn besteht demnach darin, dass Jesus mit diesem Ausdruck Gottes Herrschaft und deren irdische Realisierung durch sein eigenes Wirken direkt miteinander verbindet.

Christus. Die wirkungsgeschichtlich einflussreichste Hoheitsbezeichnung für Jesus ist zweifellos «Christus». Bereits in früher Zeit wurde davon der Name seiner Anhänger, der «Christen», abgeleitet, die zunächst von anderen so genannt wurden und sich dann auch selbst so nannten.

«Christus» (hebräisch *Maschiach*, aramäisch *Meschiach*, im Griechischen als «Messias» wiedergegeben – vgl. Johannes 1,41; 4,25) ist von dem Adjektiv «gesalbt» abgeleitet und bedeutet «der Gesalbte». Der Hintergrund der Bezeichnung ist ein Ritual, durch das in Israel Könige, später dann auch der Hohepriester, für ihr Amt gesalbt wurden. Die Königssalbung wird etwa von Saul, David, Salomo und anderen Königen Israels berichtet. Nach 3. Mose 8,12 hat Mose Aaron zum Priesteramt gesalbt (vgl. Sirach 45,15). Im 3. Buch Mose ist zudem häufiger von dem «gesalbten Priester» die Rede (4,3.5.16; 6,15; 21,10.12).

Die Bezeichnung «Gesalbter» konnte sich später von dem Ritual lösen und für einen Menschen gebraucht werden, der von Gott mit einer besonderen Funktion oder einer spezifischen Aufgabe betraut wurde. So werden etwa die Erzväter als «Gesalbte» bezeichnet (Psalm 105,15), in Jesaja 61,1 sagt der Prophet, der die frohe Botschaft Gottes verkünden soll, über sich, dass der Geist Gottes auf ihm ruht, weil er ihn gesalbt hat. Sogar der persische König Kyros kann als Gesalbter Gottes bezeichnet werden (Jesaja 45,1), weil Gott ihm den Auftrag erteilt hat, das Volk Israel wieder in sein Land ziehen zu lassen. In Qumrantexten wird die Gesalbtenbezeichnung für die Propheten gebraucht, die den Endkampf angekündigt haben (1QM 1,7–8), oder es wird das Auftreten des Gesalbten bzw. der Gesalbten für die Endzeit erwartet, etwa «der Gesalbte der Gerechtigkeit, der Spross Davids» (4Q252). In anderen Texten begegnet die Erwartung eines priesterlichen und eines königlichen Gesalbten, die gemeinsam auftreten werden (1QS 9,7–11; 1QSa 2,11–22).

Die Erwartung eines Gesalbten Gottes begegnet auch in Daniel 9,25–26, wo er zweiundsechzig Wochen während der Wiederherstellung Jerusalems auftreten und dann vernichtet werden wird. In 4. Esra und 2. Baruch, zwei jüdischen Apokalypsen, die gegen Ende des 1. Jahrhunderts n. Chr. entstanden sind und auf die Zerstörung Jerusalems reagieren, ist an mehreren Stellen von dem kommenden Gesalbten die Rede. Nach 4. Esra 7,28–29 wird der Gesalbte vierhundert Jahre lang regieren und dann sterben. Nach 2. Baruch 30,1 ist mit der Erscheinung des Gesalbten die Auferstehung derjenigen verbunden, die in der Hoffnung auf ihn entschlafen sind. Schließlich ist auf die oben (S. 63) zitierte Passage aus den Psalmen Salomos zu verweisen, in der der Gesalbte aus dem Geschlecht Davids erwartet wird, der im Auftrag Gottes als König über Israel herrschen soll.

Es gab demnach im Judentum kein fest umrissenes Konzept eines Gesalbten. Der Gesalbte oder die Gesalbten konnten priesterliche oder königliche Aufgaben übernehmen, der Gesalbte konnte auch eine politische Figur sein. Entscheidend war dabei, dass der Gesalbte oder die Gesalbten ihre Funktion im Auftrag Gottes ausführen und von ihm autorisiert sind.

Warum Jesus als «Gesalbter» («Christus») bezeichnet wurde, ist angesichts dieses Befundes nicht sofort verständlich. Jesus ist nicht mit dem Anspruch aufgetreten, die politische Herrschaft der Römer zu beseitigen und Israel zu regieren – obwohl diese Erwartung vermutlich an ihn herangetragen wurde. Das lässt sich insbesondere der Episode vom Einzug in Jerusalem entnehmen, wo Jesus von der Menschenmenge als derjenige begrüßt wird, der «im Namen des Herrn» kommt und «die kommende Herrschaft unseres Vaters David» aufrichten wird (Markus 11,9–10, vgl. S. 107). Jesus hat auch keinen priesterlichen Anspruch angemeldet. Er hat zwar die Reinheitsgebote in seiner eigenen Autorität interpretiert, dies aber nicht zu einer priesterlichen Funktion in Beziehung gesetzt. Schließlich hat Jesus aller Wahrscheinlichkeit nach die Bezeichnung «Gesalbter» auch nicht selbst für sich gebraucht. Vielmehr wurde diese zu einem frühen Zeitpunkt von anderen an ihn herangetragen, in einer Weise, die «Christus» sehr bald zu einem zweiten Namen für Jesus werden ließ. Das hat sich in der im Neuen Testament häufig belegten Doppelbezeichnung «Jesus Christus» bzw. «Christus Jesus» niedergeschlagen, in der beide Teile als Namen fungieren und die Bedeutung «Gesalbter» keine selbständige Rolle mehr spielt. Schließlich kann sogar «Christus» allein als Name verwendet werden, ohne dass erklärt werden müsste, wer dieser «Gesalbte» ist.

Das ist in einem sehr frühen Bekenntnis, das wichtige Überzeugungen des frühen Christentums zusammenstellt, der Fall; Paulus zitiert es im 1. Korintherbrief:

> Ich habe euch am Anfang überliefert, was ich auch selbst empfangen habe: dass Christus für unsere Sünden gestorben ist gemäß den Schriften und dass er begraben wurde und dass er auf-

> erweckt wurde am dritten Tag gemäß den Schriften und dass er zuerst dem Kephas erschien, danach den Zwölfen. (1. Korinther 15,3–5)

«Christus» fungiert hier als Name für Jesus, und zwar im Zusammenhang mit seinem Tod. Ein möglicher Anhaltspunkt für die Anwendung der Christusbezeichnung auf Jesus ist deshalb, dass er als jemand hingerichtet wurde, der aus Sicht der Römer die politische Macht an sich reißen wollte, ungeachtet der Tatsache, dass dies der Intention Jesu sicher nicht entsprach. Das kommt auch in der Inschrift «König der Juden» zum Ausdruck, die am Kreuz angebracht wurde und den Hinrichtungsgrund nannte. Die Christusbezeichnung könnte demnach in politischer Bedeutung auf Jesus angewandt worden sein und den Grund für seine Hinrichtung geliefert haben. Seine Anhänger hätten diese Bezeichnung aufgenommen und in neuer Weise interpretiert: Ungeachtet seiner Hinrichtung am Kreuz ist er der Gesalbte, der in der Autorität Gottes gewirkt hat, dessen Tod ein Tod für andere war und der von Gott auferweckt wurde.

Möglicherweise ist die Gesalbtenbezeichnung auch bereits zu einem früheren Zeitpunkt seines irdischen Wirkens auf ihn angewendet worden. Darauf könnte die in Markus 8,27–30 überlieferte Episode hindeuten. Jesus fragt seine Jünger, wer sie meinen, dass er sei. Petrus antwortet: «Du bist der Gesalbte (Christus).» Innerhalb des Markusevangeliums kann Petrus dies nur aus den zuvor erzählten Ereignissen geschlossen haben: den Exorzismen und Heilungen Jesu, seiner Lehre über die Gottesherrschaft, seinen Mahlgemeinschaften. Diese werden damit zum Inhalt der Gesalbtenbezeichnung. An einer späteren Stelle (Markus 12,35–37) formuliert Jesus die rhetorische Frage, wie die Schriftgelehrten sagen könnten, der Gesalbte sei der Sohn Davids. Er weist dies zurück, indem er die Schrift zitiert (Psalm 110,1, in leichter Abwandlung):

> Der Herr sprach zu meinem Herrn: «Setze dich zu meiner Rechten, bis ich dir die Feinde unter deine Füße lege».

Vorausgesetzt ist hier die verbreitete jüdische Auffassung, dass David der Dichter der Psalmen ist. Vorausgesetzt ist weiter, dass der Psalm von dem Gesalbten spricht. Das entspricht nicht dem historischen Befund dieses Psalms. Er wurde aber im frühen Christentum häufig, so auch hier, als Schriftbeleg für die Erhöhung Jesu zur Rechten Gottes aufgefasst. Das Markusevangelium wendet sich demnach kritisch gegen die Auffassung, Jesus sei als der Gesalbte ein Sohn Davids. Demgegenüber wird auf seine Erhöhung zur Rechten Gottes verwiesen – also eine Neuinterpretation der Gesalbtenbezeichnung vorgenommen, die auf dem Bekenntnis zur Erhöhung Jesu zur Rechten Gottes basiert.

Es war demnach keineswegs eindeutig, in welcher Weise die Bezeichnung «Gesalbter» auf Jesus angewandt werden konnte. Insbesondere war fraglich, wie sie mit seinem irdischen Wirken, seinem Tod und seiner Erhöhung in Beziehung zu setzen sei. Ungeachtet dessen war diese Bezeichnung Jesu von frühester Zeit an fester Bestandteil des Bekenntnisses zu ihm. Sie wurde vermutlich zunächst mit seinem Tod verbunden und dann auf sein Wirken insgesamt angewendet. Dabei erhielt sie einen neuen Inhalt, denn nunmehr wurde von dem Gesalbten gesagt, dass er für die Sünden anderer gestorben ist und von Gott auferweckt und zu ihm erhöht wurde. Die jüdischen Gesalbtenvorstellungen wurden auf diese Weise modifiziert und erweitert.

Sohn Gottes. Als «Sohn Gottes» wird Jesus bereits in der ältesten Überlieferung bezeichnet. In Römer 1,3b–4 stellt Paulus die irdische Herkunft Jesu aus dem Geschlecht Davids seiner Einsetzung als Sohn Gottes durch die Auferstehung gegenüber. Dabei greift er vermutlich auf geprägte Wendungen der frühen Bekenntnistradition zurück. Auch im Galaterbrief spricht Paulus davon, dass Gott ihm seinen Sohn offenbart hat (1,16) bzw. dass er seinen Sohn in die Welt gesandt hat (4,4). «Sohn» ist auch im Hebräerbrief eine wichtige Bezeichnung für Jesus. Sie findet sich außerdem in den Evangelien zur Deutung des Wirkens des irdischen Jesus. Im Johannesevangelium spielt dabei das Gegenüber von Jesus als «Sohn» zu Gott als «Vater» eine wichtige Rolle.

In den synoptischen Evangelien ist die Sohn Gottes-Bezeichnung mit der Taufe verbunden. Hier wird Jesus von Gott selbst zu seinem Sohn erklärt: «Dies ist mein geliebter Sohn, an dem ich Wohlgefallen habe» (Markus 1,11). In Lukas 1,32 wird dies bereits mit der Geburt Jesu verbunden: In der Ankündigung seiner Geburt durch den Engel Gabriel wird er als der künftige «Sohn des Höchsten» bezeichnet. Die Bezeichnung «Sohn Gottes» bezieht sich demnach auf das besondere Verhältnis Jesu zu Gott: Seine Geburt wird durch Gott bewirkt, er wird mit seinem Geist begabt, sein Wirken ist durch Gott autorisiert. Diese besondere Stellung Jesu wird von Dämonen erkannt, die Jesus als «der Heilige Gottes» oder «Sohn Gottes» anreden (Markus 1,24; 5,7); sie wird von Gott während des Wirkens Jesu bestätigt, nachdem sein Weg durch Leiden und Tod thematisiert worden war (Markus 9,7); schließlich wird angesichts des Todes Jesu sein besonderes Verhältnis zu Gott auch von dem Hauptmann unter dem Kreuz erkannt (15,39). Das besondere Verhältnis Jesu zu Gott kommt auch darin zum Ausdruck, dass er sich an Gott als «Vater» wendet, zu dem er als «Sohn» in einem exklusiven Verhältnis steht (Matthäus 11,25–27/Lukas 10,21–24).

In jüdischen Texten dient die Bezeichnung «Sohn Gottes» generell dazu, das Gottesverhältnis von Menschen zu beschreiben. So kann das Volk Israel als Gottes Sohn bezeichnet werden (2. Mose 4,22–23; Hosea 11,1); vom König kann als Sohn Gottes gesprochen werden (Psalm 2,7; vgl. 2. Samuel 7,14, wo Gott sein Verhältnis zum Nachkommen Davids als eines von Vater und Sohn beschreibt); auch ein besonders frommer Israelit oder ein leidender Gerechter wird in dieser Weise bezeichnet (Joseph und Aseneth 6,3–5; Weisheit Salomos 2,12–20; 5,1–7).

Im Neuen Testament können diejenigen «Söhne Gottes» heißen, die nach dem Willen Gottes leben: die Friedensstifter werden «Söhne Gottes» genannt (Matthäus 5,9), ebenso diejenigen, die die Feinde lieben (Lukas 6,35). Paulus spricht davon, dass diejenigen, die den Geist Gottes haben, Gottes Kinder sind (Römer 8,16–17; vgl. 9,8; Philipper 2,15 u. ö.).

Die Bezeichnung Jesu als «Sohn Gottes» bezieht sich demnach einerseits auf seine besondere Nähe zu Gott. Der historische Ausgangspunkt dafür ist der Auftrag, mit dem sich Jesus von Gott ausgestattet wusste. Historisch wahrscheinlich ist auch, dass Jesus Gott als «Vater» («Abba») angeredet hat. Von dieser Verwendung ausgehend, hat sich die Bedeutung von «Sohn Gottes» zur Bezeichnung seines exklusiven Gottesverhältnisses entwickelt (sie findet sich etwa im zweiten Teil des Apostolischen Glaubensbekenntnisses). Andererseits kann die Bezeichnung Sohn (oder besser: Kind) Gottes auch für diejenigen verwendet werden, die in Treue zu Gott und seinen Geboten leben und sich zu Gott in einem Verhältnis von Kindern zu ihrem Vater wissen. Auch diese Verwendung lässt sich auf Jesus zurückführen, wie insbesondere das Vaterunser zeigt, das ein Verhältnis der Betenden als «Kinder» zu Gott als «Vater» zum Ausdruck bringt.

6. Die Passionsereignisse und der Tod in Jerusalem

Der Tod Jesu war die größte Herausforderung für seine Nachfolger, denn er stellte die Legitimität seines Wirkens und das Vertrauen auf ihn als den von Gott Gesandten grundsätzlich infrage. Die Verhaftung und Hinrichtung Jesu, die einen zentralen Bestandteil der Evangelien bilden, sind deshalb eng mit ihrer theologischen Deutung verbunden. Das wird bereits daran erkennbar, dass die Evangelien diese Geschehnisse aus der Perspektive des Bekenntnisses zur Auferweckung Jesu von den Toten schildern. Dass die Frauen das Grab leer vorfinden, erklärt der darin sitzende göttliche Bote mit den Worten:

> Jesus sucht ihr, den Nazarener, den Gekreuzigten. Er wurde auferweckt, er ist nicht hier! (Markus 16,6)

Im Lukasevangelium wird den beiden Jüngern, die dem Auferstandenen auf dem Weg nach Emmaus begegnet waren, nach ihrer Rückkehr nach Jerusalem von den dort versammelten Jüngern berichtet:

> Der Herr wurde tatsächlich auferweckt und ist dem Simon erschienen. (Lukas 24,34)

In beiden Fällen sind frühchristliche Bekenntnisformulierungen über die Auferweckung und Erscheinung Jesu in die Evangelien integriert worden.

Das Spezifikum der Passionserzählungen liegt darin, dass sie das Bekenntnis zur Auferweckung, Erscheinung und Erhöhung Jesu mit der Darstellung der Ereignisse, die zu seiner Hinrichtung geführt haben, verbinden. Diese Erzählungen lassen sich deshalb, ungeachtet ihrer theologischen Prägung, auch in historischer Hinsicht auswerten.

Jerusalem und der Tempel

Den synoptischen Evangelien zufolge gliedert sich das Wirken Jesu in einen ersten Teil, der in Galiläa und den angrenzenden Regionen angesiedelt ist, und einen zweiten, der auf Jerusalem und die umliegenden Orte konzentriert ist. Jesus ist diesen Darstellungen zufolge erst am Ende seines öffentlichen Wirkens nach Jerusalem gekommen. Dem Johannesevangelium zufolge ging Jesus dagegen mehrfach nach Jerusalem, was der historischen Wirklichkeit wohl eher entspricht, denn es liegt näher, dass Jesus regelmäßig zu jüdischen Festtagen nach Jerusalem reiste. Deshalb ist auch denkbar, dass er dort bereits bekannt war, als er mit den programmatischen Aktionen auftrat, die zu seiner Verhaftung führten. In Jerusalem aufzutreten lag für Jesus schon deshalb nahe, weil die Aufrichtung der Gottesherrschaft gerade in dem politischen und religiösen Zentrum des Judentums angekündigt werden musste. Insbesondere stellte sich die Frage, was die anbrechende Gottesherrschaft für den Jerusalemer Tempel bedeutete, den Ort also, an dem die Begegnung Gottes mit seinem Volk im Kultus gefeiert wurde. Machte Jesu Wirken den Tempel überflüssig? Oder war der Tempel gerade derjenige Ort, an dem die Gottesherrschaft sichtbar werden musste, wie es der jüdischen Erwartung vom Erscheinen Gottes auf dem Zion entsprach? Dass Jerusalem in der Wahrnehmung

Jesu eine besondere Rolle spielte und er dort mehrfach auftrat, ist angesichts seines Selbstverständnisses deshalb geradezu zu erwarten.

In den synoptischen Evangelien wurden demnach Ereignisse, die sich vermutlich bei mehreren Gelegenheiten und über einen längeren Zeitraum zugetragen haben, in einer programmatischen Darstellung eines einmaligen Auftritts Jesu in Jerusalem zusammengefasst. Das wird dadurch unterstützt, dass den im Folgenden zu besprechenden Passionsereignissen bei den Synoptikern ein Komplex von Kontroversen mit den jüdischen Autoritäten vorgeschaltet ist, in denen es um die Vollmacht Jesu (Markus 11,27–33), die Frage des Steuerzahlens (12,13–17) oder die Auferstehung der Toten (12,18–27) geht. Das weist darauf hin, dass Verhaftung und Hinrichtung Jesu in einem breiteren Kontext des Wirkens Jesu in Jerusalem stehen.

Die Synoptiker schildern den Einzug Jesu in Jerusalem als eine spektakuläre Aktion: Er reitet auf einem Eselsfüllen, was bei Matthäus mit dem Prophetenwort aus Sacharja 9,9 gedeutet wird, wo der «Tochter Zion» der gerechte und siegreiche König angekündigt wird, der auf einem Eselsfohlen reitend kommen wird. Jesus wird sodann von der Volksmenge mit dem Ruf begrüßt:

> Hosanna, gepriesen sei der da kommt im Namen des Herrn! Gepriesen sei die kommende Herrschaft unseres Vaters David! Hosanna in der Höhe! (Markus 11,9–10)

Hier wird die Erwartung der Aufrichtung der Herrschaft Davids geschildert, wie sie in den Psalmen Salomos formuliert wird. Dies steht einerseits im Kontrast dazu, was sich dann tatsächlich ereignen wird. Zwar tritt Jesus in Jerusalem durchaus in provokativer Weise auf, allerdings übernimmt er nicht die politische Herrschaft und erklärt sich nicht selbst zum Herrscher über Israel. Andererseits steht diese Begrüßung im Zusammenhang damit, dass Jesus später als «König der Juden» hingerichtet werden wird. Das Missverständnis der Menge setzt sich demnach bei der römischen Administration fort, die Jesus als politischen Aufrührer kreuzigen lässt.

Die erste Aktion Jesu in Jerusalem bezieht sich auf den Tempel. Er stößt dort die Tische der Geldwechsler und die Stände der Taubenverkäufer um und lässt nicht zu, dass etwas über den Tempelplatz getragen wird. Gedeutet wird dies mit den an prophetische Schriftworte angelehnten Sätzen:

> Mein Haus soll «Haus des Gebetes» genannt werden für alle Völker. Ihr aber habt es zu einer Räuberhöhle gemacht. (Markus 11,17)

Der Sinn dieser Aktion erschließt sich nicht unmittelbar. Die Geldwechsler und Verkäufer haben den Tempel nicht durch unlautere Geschäftemacherei entweiht, sondern für den Kultbetrieb notwendige Aufgaben versehen. Die Geldwechsler wechselten Münzen anderer Währungen gegen die am Tempel allein zulässigen Tyrischen Schekel ein, die auch für die Bezahlung der Tempelsteuer verwendet wurden. Die Taubenverkäufer verkauften Tiere, die am Tempel geopfert wurden, was zum gängigen Kultbetrieb gehörte. Die Aktion Jesu kann also nicht als gegen den Missbrauch des Tempelkultes gerichtet aufgefasst werden, den Jesus habe wiederherstellen wollen.

Jesu Verhalten kann aber auch nicht als politische Aktion verstanden werden, mit der er seinen Protest gegen die Römer habe zum Ausdruck bringen wollen. Eine solche, ebenfalls mitunter vertretene Sicht stünde nicht nur im Gegensatz zu den Darstellungen der Evangelien, die das Auftreten Jesu gerade nicht als politisch motiviert schildern und denen zufolge die Römer im Zusammenhang der Tempelaktion gar nicht auftauchen. Eine solche Deutung ist auch deshalb unwahrscheinlich, weil die Römer eine politische Aktion auf dem Tempelplatz sofort unterbunden und den Aufrührer verhaftet hätten. Der Tempelplatz war zur Zeit Jesu ein politisch brisanter Ort, den die Römer von der Festung Antonia an der Nordwestecke des Tempelareals aus überwachten. Für ein spektakuläres politisches Auftreten hätte sich deshalb schwerlich eine Gelegenheit ergeben.

Wahrscheinlich ist dagegen, dass Jesus mit seiner Aktion die Institution des Tempels an sich infrage stellen wollte. Der Grund dafür war seine Überzeugung, dass die anbrechende Gottesherrschaft den Tempel als Institution überflüssig macht. Die Tempelaktion lässt deshalb dieselbe Sicht erkennen, die sich auch in Jesu Haltung zur Tora und zur Erneuerung Israels durch die von ihm begründete Gemeinschaft zeigt: Es ging Jesus um ein grundlegend neues Verhältnis Israels zu Gott. Daran mussten sich auch die bestehenden Institutionen messen lassen. Den am Tempel praktizierten Kultus sah er dabei angesichts der jetzt beginnenden Aufrichtung der Herrschaft Gottes als unzureichend an.

Sachlich eng verbunden mit der Tempelaktion, wenn auch nicht im selben Zusammenhang überliefert, ist das Wort Jesu gegen den Tempel. Es begegnet in verschiedenen Fassungen, deren gemeinsamer Kern darin besteht, dass Jesus das Ende dieses Tempels ansagt und einen neuen Tempel, der an dessen Stelle treten soll, ankündigt. Bei dem neuen Tempel handelt es sich allerdings nicht um ein anderes Gebäude, sondern um einen «nicht mit Händen gemachten» Tempel. Diese Ankündigung Jesu wird bei Markus und Matthäus im Verhör vor dem Synhedrion von Falschzeugen vorgebracht:

> Und einige standen auf, machten Falschaussagen gegen ihn und sagten: Wir haben gehört, dass dieser gesagt hat: «Ich werde diesen von Händen gemachten Tempel zerstören und in drei Tagen einen anderen, nicht mit Händen gemachten, erbauen.» (Markus 14,57–58; vgl. Matthäus 26,60–61, dort fehlt allerdings die Aussage, dass der neue Tempel «nicht mit Händen gemacht» sei)

Bei Johannes wird die Vorhersage auf die Auferstehung Jesu bezogen:

> Reißt diesen Tempel ab und in drei Tagen werde ich ihn wieder aufrichten ... Er sprach aber über den Tempel seines Leibes. (Johannes 2,19.21)

Bei Lukas wird das Wort aus dem Prozess gegen Jesus ausgespart und stattdessen in der Apostelgeschichte als Falschzeugnis gegen Stephanus angeführt:

> Es standen Falschzeugen auf und sagten: Dieser Mensch hört nicht auf Reden gegen diesen heiligen Ort und gegen das Gesetz

zu führen. Wir haben ihn nämlich sagen hören: Dieser Nazoräer Jesus wird diesen Ort niederreißen und die Bräuche verändern, die Mose uns gegeben hat. (Apostelgeschichte 6,13–14).

An den verschiedenen Umgangsweisen mit dem Wort Jesu gegen den Tempel wird deutlich, dass das frühe Christentum Probleme damit hatte und es deshalb als Falschzeugnis deklarierte oder auf seine Auferweckung bezog.

Historisch betrachtet ist wahrscheinlich, dass Jesus eine Prophezeiung gegen den Tempel formuliert hat. Wie diese genau lautete, lässt sich nicht mehr feststellen. Erkennen lässt sich jedoch, dass Jesus den Tempel nicht einfach außer Kraft setzen, sondern ihm eine neue Bedeutung geben wollte. Diese lag darin, Ort der unmittelbaren Begegnung Gottes mit seinem Volk zu sein. Der Kultbetrieb am Tempel, ebenso wie die heiligen Geräte, das Tempelgebäude und das Tempelareal rückten dadurch in eine neue Perspektive.

Tempelaktion und Tempelwort Jesu dürften ein maßgeblicher Grund dafür gewesen sein, dass er sich die Gegnerschaft der jüdischen Autoritäten Jerusalems, insbesondere der Sadduzäer und der Priesterschaft, zuzog. Darauf verweist nicht zuletzt die Tatsache, dass das Wort gegen den Tempel im Verhör Jesu vor dem Synhedrion, dem Hohen Rat unter dem Vorsitz des Hohepriesters, eine Rolle spielte. Von römischer Seite war Jesus durch seine Aktion auf dem Tempelplatz – die man sich nicht als großangelegte Demonstration, sondern als begrenzte Zeichenhandlung vorstellen sollte – möglicherweise auffällig geworden. Verhaftet wurde er aufgrund dieser Aktion allerdings nicht.

Das letzte Mahl

Bevor es zur Verhaftung kam, hielt Jesus mit seinen Jüngern ein letztes Mahl am Vorabend seiner Hinrichtung. Dieses Mahl steht im Horizont des bevorstehenden Todes Jesu, und das ist historisch auch durchaus wahrscheinlich. Die Situation in Jerusalem hatte sich so zugespitzt, dass Jesus mit seiner Verhaftung und Hinrichtung rechnen musste. In der christlichen Überlieferung ist das letzte Mahl Jesu zu einem Ritual geworden, durch das sich die christliche Gemeinde symbolisch in die Mahlgemeinschaft hineinstellt und Jesus in ihrer Mitte vergegenwärtigt. Darauf verweist vor allem die bei Paulus und Lukas begegnende Wendung «Tut dies zu meiner Vergegenwärtigung» (1. Korinther 11,24.25; Lukas 22,19). Die Bedeutung des als «Eucharistie», «Herrenmahl» oder «Abendmahl» bezeichneten Mahles wurde in den sogenannten «Einsetzungsworten» zusammengefasst, die sowohl in den synoptischen Evangelien als auch bei Paulus (1. Korinther 11,23–26) überliefert sind. Eine ähnliche Überlieferung zitiert Paulus an anderer Stelle (1. Korinther 10,16).

Die Mahlfeier konnte aber auch ohne diese Worte beschrieben werden. Das ist in der *Didache* der Fall, die über Kelch und gebrochenem Brot (in dieser Reihenfolge!) zu sprechende Dankgebete anführt. Das Johannesevangelium überliefert die Einsetzungsworte ebenfalls nicht, erzählt aber, wie auch die synoptischen Evangelien, eine Mahlszene, die der Verhaftung vorangeht. In diese sind hier größere Reden Jesu (die sogenannten «Abschiedsreden», Kapitel 14–16) sowie ein Gebet Jesu zum Vater (Kapitel 17) integriert. Damit erhält die Mahlszene bei Johannes einen eigenen Charakter. Eine zu den Einsetzungsworten analoge Deutung von «Fleisch» (bei Johannes statt «Leib») und «Blut» Jesu findet sich dagegen in einer anderen Rede Jesu. Hier spricht Jesus davon, dass es nötig sei, sein Fleisch zu essen und sein Blut zu trinken (6,52–58). Diese anstößige Formulierung setzt die Einsetzungsworte oder eine verwandte Überlieferung voraus und deutet sie als Anteilhabe der Glaubenden an Jesus.

Die Einsetzungsworte gehen nicht auf Jesus zurück. Sie waren in den ersten beiden Jahrhunderten auch kein Teil der Mahlliturgie. Vielmehr halten diese Worte die Bedeutung des Mahls der christlichen Gemeinde fest, das sie in den Horizont des letzten Mahles Jesu rücken: Jesus ist derjenige, der zum Mahl einlädt und dabei auch den «Vorsitz» innehat: Er spricht die Dank- bzw. Segensgebete über Brot und Wein, bricht und verteilt das Brot und reicht den Kelch herum. Das von den Mahlteilnehmern geteilte Brot «ist» der Leib Jesu, der Kelch (bzw. dessen

Inhalt) «ist» das Blut des Neuen Bundes. Um dieses «ist» hat es in der Theologiegeschichte intensive Debatten gegeben. Auf die zahlreichen philosophisch und theologisch reflektierten Deutungen braucht hier nicht näher eingegangen zu werden. Die Bedeutung des «ist» in den Einsetzungsworten lässt sich dagegen recht eindeutig bestimmen: Das Wort über den «Leib» Jesu bezieht sich auf seine Person, blickt also auf seine irdische Existenz zurück: seine Mahlgemeinschaften, seine Heilungen, sein Wirken zur Aufrichtung der Gottesherrschaft. Diese Existenz wird im gebrochenen und verteilten Brot als eine solche gedeutet, an der die Mahlteilnehmer Anteil erhalten. Jesu Existenz ist also eine für andere. Das Wort über den Kelch bezieht sich auf den Tod Jesu und deutet diesen als Bundesschluss: Das Blut wird als «Bundesblut» bzw. «Blut des Neuen Bundes» bezeichnet, das für andere vergossen wird. Die Mahlteilnehmer erhalten demnach im Mahl Anteil an den Heilswirkungen des Todes Jesu: Sie werden in den neuen Bund mit Gott hineingenommen, ihnen werden die Sünden vergeben.

Beim letzten Mahl selbst sind nicht die Einsetzungsworte, wohl aber ist das oben (S. 70) zitierte Wort Jesu über sein Eingehen in die Gottesherrschaft gesprochen worden. Das Mahl steht damit im Horizont der Vollendung des Weges Jesu, den er mit seinem Eingehen in die Gottesherrschaft für sich selbst als erfüllt ansah. Zwischen der historischen Situation des letzten Mahles und seiner späteren Deutung als Mahl der christlichen Gemeinde ist demnach zu unterscheiden.

Die Passionsereignisse haben sich im zeitlichen Umfeld eines Passafestes abgespielt. Die synoptischen Evangelien stellen dieses Mahl deshalb als ein Passamahl dar, also als das Mahl, das am Abend, an dem das Passafest beginnt, gefeiert wird. Das kommt sowohl in den Vorbereitungen zu diesem Mahl als auch in dem bei Lukas überlieferten Wort Jesu zum Ausdruck, er werde «dieses Passa nicht mehr essen, bis es erfüllt wird in der Gottesherrschaft» (Lukas 22,16). Allerdings fehlen die Passabezüge bei der Schilderung des Mahles selbst. Bei Johannes findet das letzte Mahl dagegen einen Tag früher statt. Der Tod Jesu fällt bei den Synoptikern deshalb auf den Tag des Passafestes

(15. Nisan), bei Johannes dagegen auf den Tag vor dem Fest, also den 14. Nisan.

Beide Schilderungen sind mit einer je eigenen Deutung verbunden. Das letzte Mahl als Passamahl lässt die Bedeutung dieses Mahles in der Geschichte des Judentums anklingen. In Erinnerung an den Auszug Israels aus Ägypten werden ungesäuertes Brot und Bitterkräuter, gemeinsam mit dem zuvor geschlachteten Passalamm, gegessen. Das letzte Mahl Jesu als Passamahl tritt an diese Stelle und wird zum Bezugspunkt der Erinnerung an Jesu Wirken und seinen Tod in der mahlfeiernden Gemeinde.

Im Johannesevangelium wird dagegen der Tod Jesu durch den Passabezug gedeutet. Dieser Bezug wird nicht nur durch den Zeitpunkt des Todes zur Stunde, in der die Passalämmer geschlachtet werden, sondern darüber hinaus durch ein Zitat aus den Anweisungen für die Zubereitung des Passalammes hergestellt. Dass Jesus von den römischen Soldaten nach seinem Tod die Beine nicht gebrochen werden, wird mit dem Schriftwort begründet: «Kein Knochen soll ihm gebrochen werden», das aus 2. Mose 12,46 (vgl. 4. Mose 9,12) stammt und sich dort auf das Passalamm bezieht (Johannes 19,36).

Historisch betrachtet ist die johanneische Chronologie wahrscheinlicher. Dafür spricht, dass Jesus vermutlich nicht an einem hohen Festtag wie dem Passa gekreuzigt worden wäre. Zudem wird das Passamahl jährlich gefeiert, wogegen das christliche Abendmahl von Anfang an häufig, zumindest einmal in der Woche, gefeiert wurde. In Markus 15,42 wird der Todestag Jesu als «Rüsttag, das ist der Tag vor dem Sabbat», bezeichnet. Diese Bezeichnung wäre schwerlich auf das Passafest angewendet worden. Näher liegt, dass der Sabbat und das Passafest in dem betreffenden Jahr auf denselben Tag fielen. Schließlich lässt auch die Bemerkung, mit der Paulus die Überlieferung vom letzten Mahl einleitet («Der Herr Jesus, in der Nacht, in der er verraten wurde …») keinerlei Bezug auf ein Passamahl erkennen.

Die Synoptiker haben demnach das letzte Mahl Jesu gegen den historischen Befund als Passamahl dargestellt, um auf diese Weise seinen Charakter als Stiftung eines zentralen Erinnerungsrituals des Christentums zu betonen. Das Johannesevangelium hat dagegen das Todesdatum Jesu zur Schlachtung des Passalammes in Beziehung gesetzt und damit den Tod Jesu als ein Unheil von der Gemeinschaft der Seinen abwehrendes Geschehen gedeutet.

Verhaftung und Hinrichtung

Dem Mahl folgt unmittelbar die Verhaftung Jesu, ausgelöst durch den Verrat des Judas. Er identifiziert Jesus gegenüber denen, die gekommen sind, um ihn in Gewahrsam zu nehmen. Die Frage, was hinter diesem Verrat steht, ist viel diskutiert worden, historisch aber letztlich nicht zu beantworten. Festhalten lässt sich, dass diese Episode sehr wahrscheinlich einen historischen Kern besitzt, denn es ist unwahrscheinlich, dass eine solche Tat durch einen aus dem engsten Kreis der Nachfolger Jesu nachträglich erfunden worden wäre. Mitunter ist vermutet worden, dass Judas von Jesus enttäuscht war, weil er erwartet hatte, dass dieser zum Aufstand gegen die Römer und zur Beseitigung von deren Herrschaft aufrufen würde. Allerdings geben die Quellen darüber keinen Aufschluss. Mit Sicherheit ausschließen kann man dagegen, dass Judas Jesus verraten hat, um dafür Geld zu erhalten, wie es die Evangelien nahelegen (Markus 14,10–11 mit Parallelen). Unklar bleibt auch, wodurch Judas die jüdischen Autoritäten dazu bewogen hat, sich genauer mit Jesus und seinen Absichten zu befassen. Möglicherweise hat er ihn bezichtigt, einen politischen Aufruhr anzetteln zu wollen. Das würde jedenfalls am besten zum weiteren Verlauf der Ereignisse passen.

Die Verhaftung erfolgte nach Markus und Matthäus im Auftrag der jüdischen Autoritäten (Markus 14,43; Matthäus 26,47). Johannes nennt dagegen eine Kohorte, also eine römische Einheit, die gemeinsam mit den jüdischen Autoritäten agiert habe (18,3). Das wirft die Frage nach der jüdischen und der römischen Beteiligung an der Verhaftung und Hinrichtung Jesu auf. Dabei ist grundsätzlich zu bedenken, dass die frühchristlichen Quellen die Tendenz haben, den Anteil «der Juden» am Vorgehen gegen Jesus zu betonen und ihnen die Schuld am Tod Jesu zuzuweisen. Es ist deshalb danach zu fragen, wie die historischen Vorgänge am plausibelsten zu rekonstruieren sind.

Dass jüdische Autoritäten an dem Geschehen um die Verhaftung und Hinrichtung Jesu beteiligt waren, ist historisch durchaus wahrscheinlich. Es wird sowohl durch die Evangelien als auch durch Josephus bezeugt, der erwähnt, dass Jesus «auf Betreiben der Vornehmsten unseres Volkes» zum Kreuzestod verurteilt worden sei. In welcher Weise die jüdischen Oberen am Vorgehen gegen Jesus beteiligt waren, ist damit allerdings noch nicht geklärt.

Von christlichen wie nichtchristlichen Quellen einhellig überliefert ist, dass Jesus gekreuzigt wurde. Die Kreuzigung war eine römische Todesstrafe – eine der brutalsten und grausamsten, die die Antike kannte –, die insbesondere an politischen Aufrührern vollstreckt wurde. Das Todesurteil gegen Jesus hat der Präfekt Pontius Pilatus gefällt, die anschließende Hinrichtung wurde von römischen Soldaten durchgeführt. Das wird auch dadurch sichergestellt, dass die jüdische Administration in der römischen Präfektur Judäa keine Befugnis hatte, ein Todesurteil auszusprechen und zu vollstrecken.

Das führt zu einem weiteren Aspekt. In der Darstellung der Passionsereignisse weichen Markus und Matthäus einerseits, Lukas und Johannes andererseits darin voneinander ab, dass es den beiden Ersteren zufolge einen Prozess gegen Jesus vor dem Synhedrion gab, der mit dem Todesbeschluss endete. Nach den Letzteren gab es dagegen nur eine Befragung, in deren Anschluss Jesus an die römische Administration überstellt wurde. Nur die letztgenannte Darstellung ist glaubwürdig. Das Synhedrion als jüdische Institution hatte keine Möglichkeit, Jesus in einem förmlichen Prozess zu verhören und zu verurteilen. Es hat vielmehr aller Wahrscheinlichkeit nach eine Untersuchung gegeben, durch die sich die jüdischen Autoritäten ein Bild von den Absichten Jesu verschaffen wollten. Die weiteren Vorgänge lagen dagegen in der Hand der römischen Besatzungsmacht. Die Verhaftung Jesu war deshalb aller Wahrscheinlichkeit nach keine von den Römern initiierte Aktion. Das ist schon darum unwahrscheinlich, weil Jesus den Römern zuvor nicht sonderlich aufgefallen sein dürfte. Vielmehr wird es sich um eine durch Judas initiierte «Vorladung» vor das Synhedrion gehandelt haben, das Jesus daraufhin einer Befragung unterzog. Anschließend wurde er dann den Römern überstellt.

Die jüdische und die römische Seite hatten ein je eigenes Interesse an der Hinrichtung Jesu. Was die jüdische Seite betrifft, liegt es nahe, dass die Gefährdung, die das Auftreten Jesu für das jüdische Volk nach sich ziehen konnte, das entscheidende Motiv war, seine Hinrichtung zu betreiben. Jüdische Aufstände wurden von den Römern mit Härte niedergeschlagen, wie sich nicht erst im jüdisch-römischen Krieg zeigte. Der jüdischen Führung musste deshalb daran gelegen sein, die politische Situation, die in Judäa und Jerusalem ohnehin angespannt war, nicht unnötig eskalieren zu lassen, um das Recht zur freien Religionsausübung, das den Juden von römischer Seite gewährt wurde, nicht zu gefährden. Dieses politisch-pragmatische Motiv hat vermutlich den Ausschlag dafür gegeben, dass sich die jüdische Führung zu einem Vorgehen gegen Jesus entschloss. Im Johannesevangelium wird dies durch den Hohepriester Kaiaphas auf den Punkt gebracht:

> Ihr bedenkt nicht, dass es besser ist, dass ein Mensch für das Volk stirbt, als dass das ganze Volk zugrunde geht. (Johannes 11,50)

Dagegen ist es äußerst unwahrscheinlich, dass gegen Jesus von jüdischer Seite wegen seiner Interpretation der Tora, seiner Haltung gegenüber dem Sabbat oder seinem Selbstverständnis als Repräsentant der Gottesherrschaft vorgegangen wurde. Wie oben dargestellt, bewegte sich Jesus damit innerhalb jüdischer Diskussionen seiner Zeit, wenn auch der Anspruch, als Repräsentant Gottes aufzutreten, charakteristisch für ihn war. Zudem ist es wenig wahrscheinlich, dass die Toraauslegung oder das Selbstverständnis eines galiläischen Wanderpredigers das Jerusalemer Synhedrion ohne einen konkreten politischen Anlass dazu bewegt hätte, den Betreffenden der römischen Administration zu überstellen. Daraus folgt weiter, dass die Darstellungen der Evangelien, die zwischen den Konflikten, die Jesus in Galiläa provoziert hat, und den Jerusalemer Ereignissen eine direkte Verbindung herstellen – etwa, wenn die Pharisäer im Markusevangelium aufgrund einer Heilung Jesu am Sabbat in Galiläa den Beschluss fassen, ihn zu töten (3,6) –, in dieser Hinsicht historisch wenig glaubwürdig sind.

Auf römischer Seite bestand das Interesse, potentielle Unruhestifter zu beseitigen, um Aufstände im Keim zu ersticken. Allerdings lässt sich kein aktueller Anlass feststellen, aufgrund dessen die Römer gegen Jesus vorgegangen sein könnten. Das macht es wahrscheinlich, dass Jesus tatsächlich, wie Josephus schreibt, auf Initiative der jüdischen Führung den Römern überstellt und von ihnen hingerichtet wurde.

Für die Kreuzigung als politischer Aufrührer spricht schließlich auch die Kreuzesinschrift. Nach übereinstimmenden Berichten aller vier Evangelien war eine Tafel über dem Kreuz Jesu angebracht, die den Hinrichtungsgrund nannte: «(Dieser ist Jesus [der Nazarener]), der König der Juden». Das lässt sich mit der Anklage verbinden, die gegen Jesus bei Lukas und Johannes vorgebracht wird: Jesus behaupte von sich, ein König zu sein (Lukas 23,2; Johannes 19,12). Die Proklamation des Hinrichtungsgrundes auf einer Tafel ist in der römischen Antike gelegentlich bezeugt, allerdings nur einmal bei einer Kreuzigung. Nicht bezeugt ist dagegen der Brauch, eine solche Tafel direkt am Kreuz anzubringen.

Wie lässt sich der Tod Jesu in sein Wirken einordnen? Jesu Überzeugung vom Anbruch der Gottesherrschaft beinhaltete nicht, dass er zu deren Durchsetzung den Tod auf sich nehmen müsse. Die Interpretation seines Todes als eines notwendigen Bestandteils seines Weges ist vielmehr erst im Rückblick erfolgt, um die Jerusalemer Ereignisse im Horizont seines Wirkens zu deuten (so vor allem in den Ankündigungen, dass der Menschensohn leiden und sterben müsse). Dagegen ist sehr unwahrscheinlich, dass Jesus selbst eine Verbindung zwischen der Aufrichtung der Gottesherrschaft und seinem Tod hergestellt hat. Andererseits wird Jesus angesichts seines sich abzeichnenden Todes nicht am Kommen der Gottesherrschaft gezweifelt haben. Er wird vielmehr seinen eigenen Weg durch seinen Tod, der ihn in die Gottesherrschaft führt, als erfüllt angesehen haben. Die weitere Aufrichtung der Herrschaft Gottes wird er dagegen als Aufgabe seiner Nachfolger betrachtet haben, die schließlich von Gott selbst vollendet werden wird.

7. Jesus und die Entstehung des christlichen Glaubens

Die Evangelien enden nicht mit der Erzählung von der Hinrichtung und Grablegung Jesu. Vielmehr erzählen sie, dass im Anschluss hieran sein Grab leer angetroffen wurde. Dieser für sich genommen keineswegs eindeutige, sogar zutiefst irritierende Befund wird durch die Botschaft von seiner Auferweckung erklärt: Gott hat Jesus von den Toten auferweckt, deshalb ist er nicht mehr im Grab zu finden.

Diese Erzählungen basieren – wie die Evangelien insgesamt – auf dem frühchristlichen Bekenntnis zur Auferweckung Jesu von den Toten. Dieses Bekenntnis steht am Ursprung des christlichen Glaubens. Es hat sich in der Rede von Gott als dem, «der Jesus Christus von den Toten auferweckt hat», niedergeschlagen (vgl. z.B. Galater 1,1; 2.Korinther 4,14; Römer 4,24; 8,11 u.ö.). Der jüdische Gottesglaube wird damit in spezifischer Weise transformiert. Die genannte Charakterisierung Gottes rückt dabei solchen Beschreibungen an die Seite, die Gottes machtvolles Handeln an Israel und sein Schöpfungshandeln zur Sprache bringen. So ist Gott in israelitisch-jüdischer Tradition der, «der euch aus Ägypten geführt hat» (3.Mose 11,45; 19,36; 22,33; 4.Mose 15,41), und der, «der Himmel und Erde gemacht hat» (Psalm 146,6).

Das Bekenntnis zur Auferweckung Jesu beruht zugleich auf der jüdischen Überzeugung, dass Gottes Macht über den Tod hinausreicht. Diese hatte sich seit der Zeit des babylonischen Exils herausgebildet und war zum Glauben an den Gott Israels als den einzigen, den wahren, lebendigen und lebendig machenden Gott geworden. Im Judentum der hellenistisch-römischen Zeit ist dieses Bekenntnis vielfach bezeugt.

Die Überzeugung von der Auferweckung Jesu gründet nicht nur in der Interpretation seines irdischen Wirkens. Sein Anspruch konnte vielmehr durch seinen Tod als widerlegt gelten, und seine Anhänger hätten ihre Hoffnung auf Jesus als zerstört ansehen und sich zerstreuen können. Das wäre angesichts der grausamen Hinrichtung Jesu sogar näherliegend gewesen. Die Erzählung von der Verleugnung des Petrus und die Vorhersage Jesu, dass «der Hirte geschlagen» wird und sich «die Schafe zerstreuen werden» (Markus 14,27), deuten an, dass die Hinrichtung Jesu tatsächlich zunächst Verzweiflung bei seinen Anhängern ausgelöst hat. Wenn sie schließlich die Gewissheit gewannen, dass Jesus nicht im Tod geblieben, sondern in neuer Weise anwesend ist, muss dies auf Erfahrungen beruhen, die sie nach der Kreuzigung und Grablegung Jesu gemacht haben.

Diese Erfahrungen werden von früher Zeit an als Visionen beschrieben, in denen der auferstandene Jesus seinen Jüngern und anderen aus seiner Anhängerschaft (etwa den Frauen am leeren Grab, Maria Magdalena oder den Jüngern auf dem Weg nach Emmaus) erschien. Diese Erscheinungserzählungen machen deutlich, dass Jesus nicht einfach in derselben Weise wieder da ist wie zuvor. Vielmehr löst sein Erscheinen Erstaunen und Entsetzen aus (Lukas 24,37: die Jünger geraten in Angst und Schrecken und meinen, einen Geist zu sehen, als Jesus plötzlich in ihrer Mitte steht); er wird nicht erkannt (so etwa von den beiden Jüngern auf dem Weg nach Emmaus, Lukas 24,16: «ihre Augen waren gehalten, so dass sie ihn nicht erkannten», oder von Maria Magdalena, die ihn für den Gärtner des Friedhofs hält, Johannes 20,15); und er wird, nachdem er erkannt wurde, angebetet (Matthäus 28,9: die Frauen, die vom leeren Grab kommen, fallen vor Jesus nieder, ebenso die Jünger in Matthäus 28,17; vgl. auch das Bekenntnis des Thomas in Johannes 20,28: «Mein Herr und mein Gott»). Die Erscheinungserzählungen haben demnach den Charakter von Theophanien: Jesus erscheint als jemand, der zum göttlichen Bereich gehört, nicht einfach als ein Mensch.

Zugleich betonen diese Erzählungen die Kontinuität zwischen dem auferstandenen und dem irdischen Jesus. Der Auferstandene trägt die Nägelmale der Kreuzigung an Händen und Füßen und die Seitenwunde des Lanzenstichs (Lukas 24,40; Johannes 20,25.27); er wird als derjenige erkannt, der vor der Passion mit seinen Jüngern das Brot gebrochen hat (Lukas 24,30–31). Es wird auch betont, dass er Fleisch und Knochen hat und sogar isst (Lukas 24,39–43). Die Erscheinungserzählungen stellen demnach heraus, dass es tatsächlich Jesus ist, der den Jüngern begegnet, dass er aber nun in neuer Weise anwesend ist. Auf diese Weise wird die Zeit seines irdischen Wirkens für ihre Fortsetzung in die Zukunft geöffnet.

Das wird auch an den konkreten Inhalten der Erscheinungen deutlich: Jesus trägt den Jüngern auf, alle Völker zu Jüngern zu machen, sie zu taufen und ihnen die Lehre Jesu weiterzugeben (Matthäus 28,19–20). Er bricht mit ihnen das Brot und erneuert dadurch die Mahlgemeinschaft aus der Zeit seines irdischen Wirkens (Lukas 24,30–31). Er verleiht ihnen den Geist und befähigt sie damit zur Ausbreitung der Botschaft von der Gottesherrschaft und autorisiert sie, in seinem Namen Sünden zu vergeben (Lukas 24,49; Johannes 20,21–23). Die Erscheinungserzählungen erfüllen demnach eine wichtige Brückenfunktion zwischen der Zeit des irdischen Wirkens Jesu und der Entstehung des christlichen Glaubens, der in den Osterereignissen gründet.

Es verwundert deshalb nicht, dass die Erzählungen vom Auferstandenen ausgebaut und mit weiteren Inhalten angereichert wurden. Dem Johannesevangelium wurde ein Nachtragskapitel (Kapitel 21) angefügt, das von weiteren Erscheinungen berichtet. Dabei wird Petrus, der zuvor dem «Lieblingsjünger» bei- oder sogar untergeordnet worden war, durch einen dreimaligen Auftrag des Auferstandenen («Weide meine Lämmer») als «Hirte» der Kirche eingesetzt. Auch dem Markusevangelium, das ursprünglich keine Erscheinungen enthielt, wurde ein sekundärer Schluss mit entsprechenden Berichten angefügt (Markus 16,9–20). In apokryphen Evangelien wird die Erscheinung des Auferstandenen dann zum Ausgangspunkt neuer Lehren (etwa im Evangelium nach Maria und der «Weisheit Jesu Christi»). Dabei wird die Perspektive vom irdischen Wirken Jesu in die Zeit nach Tod und Auferstehung geöffnet.

Abschließend stellt sich damit die Frage nach dem Verhältnis des Osterglaubens zum Wirken des irdischen Jesus. Diese wird, wie in Kapitel 2 gezeigt, in der historisch-kritischen Jesusforschung von Beginn an intensiv diskutiert. Im Horizont des Wirkens und Geschicks Jesu, wie es hier dargelegt wurde, lässt sich die Antwort wie folgt formulieren: Die Ostererfahrungen haben gelehrt, Jesus in neuer Weise zu sehen. Sie haben vor Augen geführt, dass es sich bei ihm nicht nur um einen Menschen handelt, der im Auftrag Gottes aufgetreten ist, sondern dass er selbst an der Autorität Gottes partizipiert. Diese Überzeugung hat sich auf die Darstellung seines Wirkens insgesamt ausgewirkt. Sie hat dazu geführt, ihn als von Beginn seines Wirkens an mit dem Geist Gottes ausgestattet zu beschreiben und seine Taufe in dieser Weise zu erzählen. Sie hat weiter dazu geführt, Erzählungen von Jesu Wirken – etwa einzelne seiner Machttaten – als Theophanien darzustellen, in denen seine göttliche Macht bereits in seinem irdischen Wirken aufscheint. Sie hat schließlich auch dazu geführt, Bezeichnungen wie «Gesalbter» oder «Sohn Gottes» auf ihn anzuwenden und diese Bezeichnungen dadurch inhaltlich in neuer Weise zu füllen.

Durch die Ostererfahrungen wurde jedoch das irdische Wirken Jesu nicht durch mythologische Deutungen überlagert, die es hätten unerkennbar werden lassen. Vielmehr werden Linien vom irdischen Wirken Jesu zum Osterglauben der ersten Christen sichtbar. Damit wird zugleich deutlich, welche Impulse vom Wirken Jesu auf die Ausprägung des christlichen Glaubens gewirkt haben.

An erster Stelle ist dabei Jesu Selbstverständnis zu nennen, Gottes Repräsentant und Vermittler der Gottesherrschaft auf der Erde zu sein. Die Entstehung der christlichen Bekenntnisse, die Jesus als zur Rechten Gottes sitzenden «Herrn» und als durch die Auferstehung zum Sohn Gottes inthronisierten Sohn Davids charakterisieren, ist nur vor diesem Hintergrund zu verstehen. Jesu Anhänger haben seinen Anspruch im Licht der

Ostererfahrungen demnach in neuer Weise gedeutet und zur Grundlage ihres Glaubens an Jesus Christus werden lassen.

Wichtige Impulse sind auch von dem Verhalten Jesu gegenüber Ausgegrenzten, Armen und Kranken sowie von seinem Ethos der Feindesliebe ausgegangen. Die Hinwendung zu Bedürftigen und die Feindesliebe sind zu wichtigen Merkmalen christlicher Ethik geworden, vom antiken Christentum bis in die Gegenwart. Die Ausrichtung des Evangeliums an Heiden lässt sich dagegen nicht unmittelbar mit dem Wirken Jesu verbinden, der sich von Gott zu Israel gesandt wusste. Allerdings lassen sich von der Haltung Jesu zur Tora und zum Tempel Verbindungen zur späteren Ausrichtung der Christusbotschaft an die Heiden ziehen. Dabei ist eine Interpretation des Wirkens Jesu vorausgesetzt, die diesen Schritt als legitim und geboten erscheinen ließ. Allem Anschein nach ist dies sehr bald in den Gemeinden von Jerusalem und Antiochia, den beiden wichtigsten Gemeinden der Frühzeit, geschehen.

Im frühen Christentum hat auch die Interpretation des Todes Jesu als eines heilvollen Sterbens zugunsten anderer eine zentrale Rolle gespielt. Diese Deutung ist ebenfalls sehr früh entstanden und hat sich in Bekenntnissen wie dem von Paulus in 1. Korinther 15,3–5 zitierten niedergeschlagen («Christus ist für unsere Sünden gestorben gemäß den Schriften»). Sie geht allerdings über Jesu eigene Sicht auf seinen Tod hinaus. Sie reflektiert die Bedeutung dieses Todes im Licht seiner Sendung, seines Wirkens und seines Geschicks aus frühchristlicher Perspektive.

Eine wichtige Facette des Wirkens Jesu ist schließlich seine Treue zu den Verheißungen Gottes für sein Volk und zu den jüdischen Überlieferungen. Sie zieht sich durch sein gesamtes Wirken und wird in den Erscheinungserzählungen fruchtbar gemacht, wenn der Auferstandene seinen Jüngern das Verständnis der Schriften öffnet und sie darüber belehrt, was «im Gesetz des Mose und den Propheten und in Psalmen» über ihn geschrieben steht (Lukas 24,44). Die christliche Bibel Alten und Neuen Testaments, die die Schriften Israels und des Judentums in neuer Weise interpretiert und zugleich in Kontinuität und Treue zu diesen Schriften steht, ist damit letztlich im Wirken Jesu begründet.

Zeittafel

40 (37) v. Chr.–4 v. Chr.	Herodes der Große König über Idumäa, Judäa, Samaria, Galiläa, Peräa, das Ostjordanland
20/15 v. Chr.–nach 42 n. Chr.	Philo von Alexandria
27 v. Chr.–14 n. Chr.	Augustus römischer Kaiser
4 v. Chr.–39 n. Chr.	Herodes Antipas Tetrarch über Galiläa und Peräa
4 v. Chr.–34 n. Chr.	Herodes Philippus Tetrarch über Ituräa, Gaulanitis, Trachonitis
4 v. Chr.–6 n. Chr.	Herodes Archelaus Ethnarch von Judäa
6/7 n. Chr.	Zensus des Quirinius
14–37	Tiberius römischer Kaiser
18–36	Kaiaphas Hohepriester in Jerusalem
23/24–79	Plinius der Ältere
26–36	Pontius Pilatus Präfekt in Judäa
ca. 28/29	Auftreten Johannes' des Täufers
ca. 29/30	Auftreten Jesu von Nazareth
30 (oder 33)	Kreuzigung Jesu in Jerusalem
ca. 50–ca. 56	Entstehung der Paulusbriefe
66–74	Jüdisch-römischer Krieg
ca. 70–ca. 100	Entstehung der Evangelien des Neuen Testaments
37/38–nach 100	Flavius Josephus
ca. 56–nach 118	Publius Gaius Cornelius Tacitus
61/62–ca. 112	Plinius der Jüngere
ca. 70–ca. 130	Gaius Suetonius Tranquillus
ca. 120–nach 180	Lukian von Samosata

Literatur

Übersetzungen

Der Brief des Mara bar Serapion, übersetzt von F. Schulthess, 1897.
Die Qumran-Essener. Die Texte vom Toten Meer, übersetzt von J. Maier, 1995.
Die Wunderheilungen von Epidauros, übersetzt von R. Herzog, 1931.
Himmelfahrt Moses, übersetzt von E. Brandenburger, 1976.
Josephus, Der Jüdische Krieg, übersetzt von O. Michel und O. Bauernfeind, 1959–1969 (3. Auflage 1982).
Josephus, Jüdische Altertümer, übersetzt von H. Clementz, 1899 (Neuausgabe 2004).
Psalmen Salomos, übersetzt von S. Holm-Nielsen, 1977.

Forschungsgeschichtlich wichtige Darstellungen und Überblicke

Baumotte, M. (Hg.), Die Frage nach dem historischen Jesus. Texte aus drei Jahrhunderten, 1984.
Bornkamm, G., Jesus von Nazareth, 1956 (15. Auflage 1995).
Bultmann, R., Jesus, 1926 (Nachdruck 1988).
Jeremias, J., Die Abendmahlsworte Jesu, 1935 (4. Auflage 1967).
Jeremias, J., Die Gleichnisse Jesu, 1947 (10. Auflage 1984).
Kähler, M., Der sogenannte historische Jesus und der geschichtliche, biblische Christus, 1892 (4. Auflage 1969).
Käsemann, E., Das Problem des historischen Jesus, in: ders., Evangelische Versuche und Besinnungen I, 1964, 187–214.
Lessing, G. E., Die Religion Christi, in: Lessings Werke, hg. von J. Petersen u. W. von Olshausen, 23. Teil: Theologische Schriften IV, hg. von L. Zscharnack, 1925, 352–353.
Lessing, G. E., Neue Hypothese über die Evangelisten als bloss menschliche Geschichtsschreiber betrachtet, in: ders., Gesammelte Werke. Achter Band: Philosophische und theologische Schriften II, 1968, 108–132.
Reimarus, H. S., Apologie oder Schutzschrift für die vernünftigen Verehrer Gottes, 1767/68 (Neuausgabe 1972).
Ristow, H./Matthiae, K. (Hg.), Der historische Jesus und der kerygmatische Christus, 1960 (2. Auflage 1961).
Schweitzer, A., Geschichte der Leben-Jesu-Forschung, 1913 (9. Auflage 1984).
Strauß, D. F., Das Leben Jesu, kritisch bearbeitet, 2 Bände, 1835/36 (Nachdruck 1984).
Wrede, W., Das Messiasgeheimnis in den Evangelien, 1901.
Zager, W. (Hg.), Jesusforschung in vier Jahrhunderten. Texte von den An-

fängen historischer Kritik bis zur «dritten Frage» nach dem historischen Jesus, 2014.

Neuere Darstellungen und Sammelbände

Allison, D. C., Constructing Jesus. Memory, Imagination, and History, 2010.
Bauckham, R., Jesus and the Eyewitnesses. The Gospels as Eyewitness Testimony, 2006 (2. Auflage 2017).
Becker, J., Jesus von Nazareth, 1996.
Bond, H. K., The Historical Jesus. A Guide for the Perplexed, 2012.
Crossan, J. D., The Historical Jesus. The Life of a Mediterranean Jewish Peasant, 1991 (dt. Übersetzung: Der historische Jesus, 1994).
Dunn, J. D. G., Jesus Remembered, 2003.
Early Christianity 1/3, 2010: Current Trends in Jesus Research.
Ebner, M., Jesus von Nazaret in seiner Zeit. Sozialgeschichtliche Zugänge, 2003.
Freyne, S., Jesus, a Jewish Galilean. A New Reading of the Jesus-Story, 2004.
Hengel, M./Schwemer, A. M., Jesus und das Judentum, 2007.
Holmén, T./Porter, S. E. (Hg.), Handbook for the Study of the Historical Jesus, 4 Bde., 2011.
Kollmann, B., Jesus und die Christen als Wundertäter. Studien zu Magie, Medizin und Schamanismus in Antike und Christentum, 1996.
Meier, J. P., A Marginal Jew. Rethinking the Historical Jesus (bislang 5 Bde.), 1991–2016.
Roloff, J., Jesus, 2000 (3. Auflage 2004).
Sanders, E. P., Jesus and Judaism, 1985 (3. Auflage 1991).
Sanders, E. P., Sohn Gottes. Eine historische Biographie Jesu, 1996.
Schäfer, P., Jesus im Talmud, 2. Auflage 2010.
Schröter, J., Jesus von Nazareth. Jude aus Galiläa – Retter der Welt, 2006 (6. Auflage 2017).
Schröter, J./Jacobi, C. (Hg., unter Mitarbeit von L. Nogossek), Jesus Handbuch, 2017.
Stegemann, W., Jesus und seine Zeit, 2010.
Theissen, G./Merz, A., Der historische Jesus. Ein Lehr- und Arbeitsbuch, 1996 (4. Auflage 2011).
Vermes, G., Jesus der Jude. Ein Historiker liest die Evangelien, 1993.
Wolter, M., Jesus von Nazaret, 2019.

Studien zum politischen, sozialen und literarischen Kontext Jesu und der frühen Jesusüberlieferung

Bauckham, R., Magdala of Galilee. A Jewish City in the Hellenistic and Roman Period, 2018.
Chancey, M. A., Greco-Roman Culture and the Galilee of Jesus, 2005.
Chancey, M. A., The Myth of a Gentile Galilee, 2002.

Charlesworth, J. H. (Hg.), Jesus and Archaeology, 2006.
Claussen, C./Frey, J. (Hg.), Jesus und die Archäologie Galiläas, 2008.
Demandt, A., Pontius Pilatus, 2012.
Fassbeck, G., u. a. (Hg.), Leben am See Gennesaret. Kulturgeschichtliche Entdeckungen in einer biblischen Region, 2003.
Fiensy, D. A./Strange, J. R. (Hg.), Galilee in the Late Second Temple and Mishnaic Periods, Volume One: Life, Culture, and Society, 2014; Volume Two: The Archaeological Record from Cities, Towns, and Villages, 2015.
Jensen, M. H., Herod Antipas in Galilee. The Literary and Archaeological Sources on the Reign of Herod Antipas and its Socio-Economic Impact on Galilee, 2006.
Levine, L. I., The Ancient Synagogue: The First Thousand Years, 2. Auflage 2005.
Levine, L. I., The Galilee in Late Antiquity, 1992.
Markschies, C./Schröter, J. (Hg.), Antike christliche Apokryphen, Band I: Evangelien und Verwandtes (in zwei Teilbänden), 2012.
Meyers, E. M. (Hg.), Galilee through the Centuries. Confluence of Cultures, 1999.
Netzer, E., The Architecture of Herod, the Great Builder, 2006.
Reed, J. L., Archaeology and the Galilean Jesus. A Re-Examination of the Evidence, 2000.
Root, B. W., First Century Galilee. A Fresh Examination of the Sources, 2014.
Schröter, J., Die apokryphen Evangelien. Jesusüberlieferungen außerhalb der Bibel, 2020.
Stemberger, G., Pharisäer, Sadduzäer, Essener, 1991.
Vogel, M., Herodes. König der Juden, Freund der Römer, 2002.
Zangenberg, J./Attridge, H. W./Martin, D. B. (Hg.), Religion, Ethnicity, and Identity in Ancient Galilee. A Region in Transition, 2007.
Zangenberg, J. K., Archaeological News from the Galilee: Tiberias, Magdala and Rural Galilee, Early Christianity 1, 2010, 471–484.
Zangenberg, J. K./Schröter, J. (Hg.), Bauern, Fischer und Propheten – Galiläa zur Zeit Jesu, Zaberns Bildbände zur Archäologie. Sonderbände zur Antiken Welt, 2012.

Bildnachweis

Seite 51: © akg/Bible Land Pictures
Alle anderen Abbildungen: Jens Schröter, Berlin
Karten: Peter Palm, Berlin

Personen- und Sachregister

Aaron 56, 100
Abraham 19, 39, 57, 69f., 91
Alexander der Große 34–36
Alexandria 35
Antiochia 81, 122
Antiochus IV. 35f.
Apokalyptik 35–37, 71, 74f., 100
Aretas IV. 24
Asklepios 76f.
Augustus 44f., 48, 123
2. Baruchbuch 100
Beelzebul (Satan, Teufel) 16, 36, 39, 62, 65, 78–80, 92
Bethlehem 43–47
Bultmann, Rudolf 12
Cäsarea maritima 32f., 45–48
Claudius 27
Dämon(en) 65, 70, 76, 78, 87, 104
Danielbuch 35f., 61, 95, 97–100
David 19, 23, 41, 43f., 62–64, 67, 94, 100–104, 107, 121
Dekapolis 45, 47, 53
Didache 21, 111
Droysen, Johann Gustav 34
Eleazar 76
Elisabeth 56
4. Esrabuch 97, 100
Ezechiel, der Tragiker 35
Essener 24, 38, 40–42
Familie Jesu 44, 55, 87
Flavius Josephus 24–27, 34, 38–42, 48, 50–52, 56f., 76, 115, 117, 123
Galen von Pergamon 76
Geburt Jesu 9, 19, 43–45, 55, 104
Genezareth, See 30, 32f., 46–49, 51–53
Giv'at ha-Mivtar 32
Halachot 80
Hasmonäer 35, 40f., 44, 52
Henochbücher 35, 97
Herodes Antipas 24f., 47f., 50–52, 54, 56, 123
Herodes Archelaus 48, 123
Herodes Boëthos 24
Herodes der Große 45, 47f., 51f., 55, 123
Herodes Philippus 25, 47f., 123
Herodias 24f.
Himmelfahrt des Mose 36, 62
Jakobus, der Bruder Jesu 24–26
Jericho 45–47
Jerusalem 17f., 20, 23, 30–32, 35, 39, 41–43, 45–48, 56, 61, 63, 70, 86, 93, 100f., 105–117, 122f.
Jesus Sirach 36, 67, 100
Johannes der Täufer 16, 19, 21, 24–26, 44f., 48, 55–60, 65, 70, 75, 85, 123
Jordan 44, 46f., 56f.
Josef von Arimathäa 32
Jubiläenbuch 35, 37
Judas Iskariot 114–116
Judas aus Gamla 40
Judasevangelium 23
Kähler, Martin 13
Kaiaphas 30f., 116, 123
Kapernaum 37, 47, 48f., 53, 85
Kephas *s.* Petrus
Kindheitsevangelien 55
1. Klemensbrief 21
2. Klemensbrief 21
Kof Ginnosar 32
Kyros 100

Lazarus (Johannesevangelium) 74
Lazarus (Lukasevangelium) 91
Lessing, Gotthold Ephraim 11 f.
Lieblingsjünger 120
Logienquelle Q 16 f., 36, 68 f.
Lukian von Samosata 28, 123
Machärus 25, 56
Magdala 30 f., 49, 52 f.
Makkabäer 35, 38, 44, 46
4. Makkabäerbuch 34
Mara bar Sarapion 29
Maria Magdalena 49, 119
Mariaevangelium 23, 121
Masada 45, 47
Mattathias 38
Nazareth (Jesus von N., Nazarener) 7, 10, 28, 30, 43 f., 46 f., 49, 53, 105, 109, 117, 123
Nero 27
Papyrus Egerton 22
Papyrus Oxyrhynchus 840 22 f.
Papyrus Oxyrhynchus 1224 23
Papyrus Vinobonensis Graecus 2325 23
Passa 48, 112 f.
Paulus 14 f., 19, 42 f., 60, 67, 81, 83, 101, 103 f., 111, 113, 122 f.
Pescharim 35
Petrus (Kephas) 14, 48 f., 76, 102, 119 f.
Petrusevangelium 23
Pharisäer 19, 23 f., 38–43, 48, 66, 80–85, 93, 117
Philo von Alexandria 34, 40
(Pseudo-)Phokylides 34 f.
Pilatus 20, 25–27, 32 f., 48, 115, 123
Pinehas 42
Plinius der Ältere 40 f., 123
Plinius der Jüngere 28, 123
Pompeius 44
Psalmen Salomos 62–64, 100, 107
Quirinius 40, 44 f., 55, 123
Qumran (Siedlung, Schriften) 35, 38, 40 f., 47, 62, 67, 75, 100
Reimarus, Hermann Samuel 10–12
Römisches Reich (Administration, Militär) 14, 20, 24 f., 27 f., 32, 40, 42, 44 f., 47 f., 50–52, 54, 76–78, 80, 85, 107, 110, 113–118, 123
Sabbat 22, 37–39, 82 f., 95, 113, 116 f.
Sadduzäer 24, 39–43, 110
Salomo 76, 88, 100
Satan *s.* Beelzebul
Schriftgelehrte 39, 84, 95, 102
Seleukiden 35
Sepphoris 30, 47, 52 f.
Sikarier 42
Spruchquelle Q *s.* Logienquelle Q
Strauß, David Friedrich 12
Stephanus 95, 109
Sueton 27, 76, 123
Synhedrion 109 f., 115 f.
Talmud 26
Taufe 19, 23–25, 56–60, 65, 104, 120 f.
Tacitus, Publius Gaius Cornelius 27, 32, 76, 123
Tel Rekhesh 30
Testimonium Flavianum 25 f.
Teufel *s.* Beelzebul
Theophanie 119–121
Thomasevangelium 21 f., 66
Tiberias 30, 46 f., 51–53
Tiberius 27, 32 f., 52, 56, 123
Toledot Jeschu 26 f.
Trajan 28
Vaterunser 21, 67 f., 105
Weisheit Salomos 34, 36, 104
Vespasian 76
Yehohanan ben Hagkol 31 f.
Zacharias 56
Zadok 41
Zebedäus 49
Zeloten 42
Zöllner 50, 82, 86